DER KOTTENFORST

EINE RHEINISCHE KULTUR-
UND ERHOLUNGSLANDSCHAFT

Herausgegeben von
Bruno P. Kremer

mit Beiträgen von
Bruno P. Kremer
Norbert Happ
Norbert Kühn
Peter Burggraaff und Klaus-Dieter Kleefeld
Hans-Eckart Joachim
Barbara Hausmanns
Ulf Hausmanns
Uwe Schölmerich

Wienand

Fotos

Bruno P. Kremer

außer Seite 18, 21, 22, 25, 26, 27, 30, 60, 61, 70, 78, 79: Norbert Happ;

Seite 32: Heinz Fuchs;

Seite 37, 43, 45: Peter Burggraaff / Klaus-Dieter Kleefeld;

Seite 48, 50, 51, 52, 53, 54, 55: Rheinbraun AG;

Seite 58: Rheinisches Landesmuseum Bonn (Hermann Lilienthal,
Stephanie Schröder);

Seite 61, 62, 63: Burkhard zur Bonsen;

Seite 72, 75: Ludwig Schüller;

Seite 89, 91, 93, 94, 95, 98, 99: Uwe Schölmerich

Illustrationen

Seite 44: Peter Burggraaff / Klaus-Dieter Kleefeld;

Seite 58: Rheinisches Landesmuseum Bonn (Friederike Hilscher-Ehlert);

Seite 82: Archiv Ulf Hausmanns

Karten

Seite 7: Bruno P. Kremer;

Seite 39: dem Buch »Die Stadt Bonn und ihr Umland. Ein geographischer
Exkursionsführer«, hrsg. v. Eckart Stiehl, mit freundlicher Genehmigung
der Ferdinand Dümmler's Verlagsbuchhandlung Bonn entnommen;

Seite 40/41, 61: Landesvermessungsamt Nordrhein-Westfalen

Mit freundlicher Unterstützung:

Sparkassenstiftung für den
Rhein-Sieg-Kreis

Stiftung für Sport,
Kunst, Kultur,
Natur und Umwelt

Die Deutsche Bibliothek – CIP-Einheitsaufnahme

Der **Kottenforst** : eine rheinische Kultur- und Erholungslandschaft /
hrsg. von Bruno P. Kremer. Beitr. von Bruno P. Kremer …
– Köln : Wienand, 1999
  ISBN 3-87909-648-1

© 1999 Wienand Verlag, Köln
Redaktion: Susanne Brandau
Lektorat: Renate Bormann, Martina Dammrat
Gestaltung: Julia Wieland, Düsseldorf
Litho: Satzstudio Noe, Köln
Gesamtherstellung: Druck- & Verlagshaus Wienand, Köln

INHALT

EIN WORT ZUVOR

Der Kottenforst ist ein großer Wald, der links-rheinisch im Stadtgebiet von Bonn und im Rhein-Sieg-Kreis liegt. Mit seiner ersten urkundlichen Erwähnung vor mehr als 1000 Jahren trat er mit seinem heutigen Namen in das Bewußtsein der rheinischen Bevölkerung. Gemeinsam mit der Ville bildet er ein zusammenhängendes Waldgebiet von beachtlicher Ausdehnung. Er weist zahlreiche erlebbare Spuren jahrhundertealter Besitzverhältnisse und Nutzungen auf, berührt in seinem unmittelbaren Umland bedeutende Kulturdenkmäler und bewahrt die beachtliche Vielfalt der heimischen Natur.

Der Kottenforst ist wie das Siebengebirge und der Königsforst eine wertvolle Naherholungslandschaft des südlichen Niederrheingebietes für den großen Köln-Bonner Ballungsraum. Darüberhinaus liegt er in einem Kulturraum von überregionalem Rang und beherbergt zahlreiche Bodendenkmäler aus vorgeschichtlicher, römischer und mittelalterlicher Zeit. In der Neuzeit waren es die Kurfürsten aus dem Hause Wittelsbach, die hier ihre besonderen Spuren hinterlassen haben, an ihrer Spitze der letzte Wittelsbacher, Clemens August, der im Jahre 2000 anläßlich seines 300. Geburtstages besonders gewürdigt wird. Das am ehemaligen Standort des Jagdschlosses Herzogsfreude in Röttgen radial zusammenlaufende Netz der Parforcejagdschneisen ist ein in dieser Form im Rheinland einzigartiges Alleensystem. Beeindruckend stellt sich auch die Dichte von Baudenkmälern der rheinischen Sakrallandschaft sowie von Wasserburgen und anderen Herrensitzen im engeren Umkreis dar. Zu Recht hat man dieses Waldgebiet vor nunmehr 40 Jahren zum Naturpark erklärt und einige Jahre später mit der Ville zum Naturpark Kottenforst-Ville zusammengeführt, um die Eigenart des alten Waldlandes im Verbund mit dem Seengebiet der wiederbewaldeten Ville als bedeutende Erlebnis- und Erholungslandschaft zu bewahren.

Dieses Buch spannt einen thematisch weiten Bogen. Es beginnt mit einer kurzen Darstellung der Erdgeschichte des Kottenforstes, der vom Urrhein im Eiszeitalter gebildet wurde. Dann beleuchtet es in mehreren Beiträgen die Vorgeschichte und Historie dieses Waldgebietes, das eine hervorragend dokumentierte Entwicklung vom königlichen Bannforst zum heutigen Wirtschafts- und Erholungswald durchlaufen hat. Natürlich ranken sich um den Kottenforst mancherlei Geschichten, deren Hintergründe oft ernsthafter waren, als es mündlich weitergegebene Anekdoten erkennen lassen. Ein zentrales Thema ist die weitere Behandlung des Kottenforstes mit besonderem Augenmerk auf den Erhalt und die Pflege der standortgemäßen Waldgesellschaften und des natürlichen Waldgefüges. Das von der Forstwissenschaft geprägte Prinzip der Nachhaltigkeit gilt für alle Funktionen des Waldes von der Holzerzeugung bis zu den umfangreichen Wohlfahrtswirkungen.

Als Forstmann, der den Kottenforst seit mehr als fünf Jahrzehnten kennt, wünsche ich dem Buch wißbegierige Leserinnen und Leser, die mit den gewonnenen Einblicken noch mehr Freude an diesem wertvollen und schönen Wald gewinnen. Unserem Kottenforst aber wünsche ich vor allem Besucher, die mit Disziplin seine Würde und Schönheit zu achten wissen.

Rolf Hocker
Forstdirektor i. R.

ZWISCHEN BUCHT UND BERGEN

Naturräumliches zum Kottenforst

Es gibt nicht nur die Paradiese der Kindheit. Manch Erlebenswertes kommt erst deutlich später, beispielsweise der Pflaumenkuchen mit Schlagsahne unter schattenspendenden Kastanien am alten Fachwerkbahnhof, ein kühlendes Kölsch nach transpirationsbetonter Tour auf zwei Rädern in Villiprott, die blaue Stunde bei der Casselsruhe am Venusberg oder der Fünfuhrtee traumverloren auf der Terrasse der Godesburg vor der Kuppenkulisse der sieben Berge. Kottenforst – das schmeckt nach reifen Brombeeren und würzigen Pilzen, nach blühenden Obstwiesen, verschwiegenen Weihern und pfeilgeraden Pfaden zu dicken Bäumen, denen man seltsame Namen wie Schnacke Eiche oder Starke Fichte gegeben hat. Es könnte sein, daß der Kottenforst eine Art Bilderbuchwald schlechthin ist, auch wenn ihm abgrundtiefe Schluchten oder gigantische Felsformationen fehlen. Aber welche Region bietet statt dessen schon das gesamte Kaleidoskop von Barockkapelle und Basaltvulkan, von Töpferdorf und Tongrube, Bauernhöfen und Bürgerhäusern, von Kurfürstenquelle und Königsmaar, kurz – das gesamte Gefüge von Gewachsenem und Gewolltem?

Sogar aus dem erdnahen Weltraum ist das Besondere klar zu erkennen. Zwischen Westerwald und Eifel liegt, etwas vereinsamt auf der weiten linksrheinischen Flur, ein großes, unregelmäßig umrissenes Walddreieck mit schlanker Spitze im Süden und zwei leicht übertriebenen Zipfeln im Norden: Der Kottenforst ist Bonns grünes Herz. Auf rund 50 Quadratkilometer Fläche breitet er sich unmittelbar südlich der Stadt aus. Etwa neun Zehntel entfallen auf Bonner Stadtgebiet. Der Herzzipfel und ein paar weitere über das benachbarte Drachenfelser Ländchen versprengte Waldstücke gehören zur Gemeinde Wachtberg. Einen schmalen grünen Korridor zur nordwestlich anschließenden Wald-

Der Kottenforst – ein Wald wie im Bilderbuch.

ville teilen sich die Städte Meckenheim und Rheinbach sowie die Gemeinde Swisttal. Der Blick auf eine großmaßstäbliche Karte verrät noch mehr. Nach Osten endet der Blick sehr bald an den zahlreichen Kuppen des Siebengebirges, während er nach Norden nahezu ungehindert die Niederrheinische Bucht überstreicht. In direkter Nachbarschaft des Kottenforstes begegnen sich also mit dem Rheinischen Schiefergebirge der rund 400 Kilometer breite Mittelgebirgsgürtel und das horizontweite nordwesteuropäische Tiefland.

An der Ecke der Eifel
Üblicherweise grenzt man die Eifel östlich mit dem Mittelrheintal und nördlich mit der Nieder-

Landschaften und Naturräume im Umkreis des Kottenforstes.

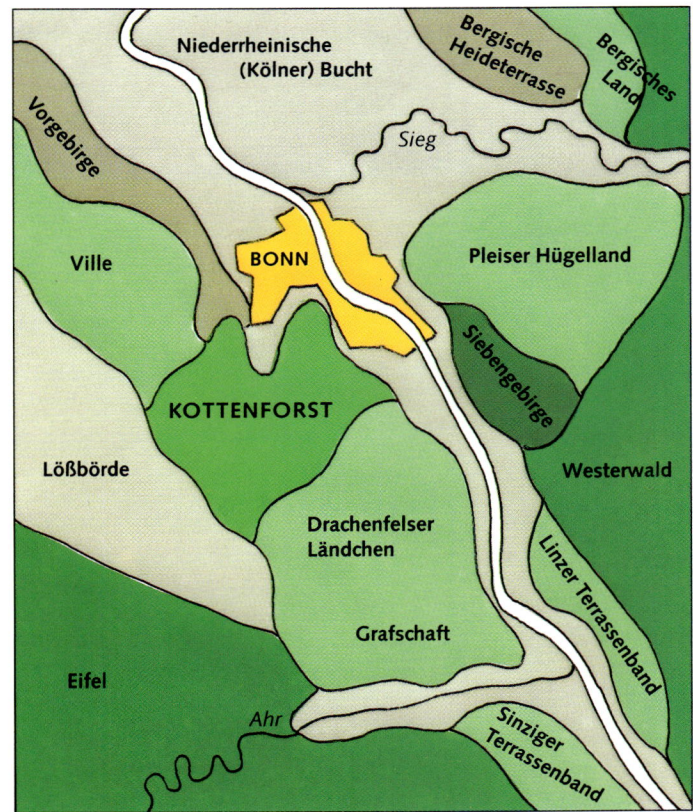

Einladung zur Erkundung: Wanderweg der Deutschen Einheit bei Wachtberg-Pech.

Eine ungleich klarere Grenzziehung leistet der Gesteinsuntergrund. Das Fundament des Kottenforstes besteht nämlich wie die restliche Eifel aus devonischem Gestein, aus den gefalteten Sandsteinen und Tonschiefern der Siegener Schichten aus dem Unterdevon. Sie entstanden vor rund 400 Millionen Jahren als Ablagerungen in einem breiten Meeresbecken. Einzelne Schichtfolgen kann man an den Erosionsrändern des Kottenforstplateaus beobachten.

Altes Vulkanland

Die viele Kilometer in die Tiefe reichenden Bruchlinien in der rheinischen Erdkruste bahnten den Weg für glutflüssige Gesteinsschmelzen, die an der Oberfläche in zahlreichen Vulkanen ausbrachen. Die gesamte Umgebung des Kottenforstplateaus und sein Südrand sind altes Vulkanland: Der markante Basaltkegel mit der Ruine Tomburg bei Rheinbach ist der nordwestlichste Ausbruchpunkt dieses Vulkanfeldes. Am Südrand des Kottenforstes befinden sich weitere Basaltvorkommen: Unter Villiprott liegt ein

rheinischen Bucht ab. Damit scheint auch der nordöstliche Eckpunkt der Eifel am Übergang vom Mittel- in den Niederrhein hinreichend genau festgelegt zu sein. Bei Bad Godesberg setzt an den geschlossenen, bogig geschwungenen Eifelnordrand jedoch ein 7–14 Kilometer breiter Höhenzug an, der fast 50 Kilometer weit in nordwestliche Richtung verläuft und in jeder Kartendarstellung wie eine schmal-fingerförmige Fortsetzung von Wald- und Rheineifel erscheint. Ein echter Eifelbestandteil ist davon jedoch nur der auf einem breiten Plateau liegende Kottenforst. Die nordöstlichsten Eifelhöhen sind demnach der 162 Meter hohe Venusberg im Stadtgebiet von Bonn, der eng benachbarte Kreuzberg (157 m) und der durch einen breiten Graben davon abgetrennte Hardtberg (156 m).

Ungefähr nördlich der Linie Bonn-Buschhoven bezeichnet man den schlanken Höhenzug als Ville (vom germanischen »vele«, Anhöhe) – im südlichen Teil als Waldville, weiter nordwestlich als Braunkohlenville. Die genaue landschaftliche Grenze zwischen Kottenforstplateau und Villerücken tritt vor Ort nur wenig in Erscheinung. Man kann sie einerseits mit dem Siedlungsband ansetzen, das sich vom Vorgebirge bei Bornheim über Alfter und die westlichen Bonner Stadtteile entlang des Hardtbachtales bis Witterschlick, dann Richtung Meckenheim-Lüftelberg und Rheinbach-Flerzheim in sanftem Bogen nach Südwesten zieht.

Ausgeräumter Vulkan – der ehemalige Steinbruch Dächelsberg im Drachenfelser Ländchen ist heute Naturschutzgebiet.

größerer Basaltklotz, der bei seiner Förderung die Deckschichten nicht durchstoßen hat. In Wachtberg-Villip hat man ein weiteres oberflächennahes, leichter zugängliches Vorkommen bis vor wenigen Jahrzehnten abgebaut. An seiner Stelle klafft jetzt ein großer, tiefer Steinbruchrestsee mitten im Dorf. Bis heute landschaftsprägend blieben die Basalt- und Trachytkuppen des Drachenfelser Ländchens, von denen die Hoheburg bei Berkum viele Jahrzehnte lang Baumaterial für den Kölner Dom lieferte. Auch die Godesburg, die nördlichste Höhenburg des Rheinlandes und aussichtsreich an der Südostecke des Kottenforstes gelegen, thront auf einer vulkanisch geformten Kuppe. Alle diese Ausbrüche stehen zeitlich in engem Zusammenhang mit dem heftigen Vulkanismus des Siebengebirges, das in mehreren Schüben vor rund 25 – 20 Millionen Jahren entstand und eines der faszinierendsten Vulkangebiete Europas darstellt.

Mehr als 20 Millionen Jahre Zeitabstand unserer erlebten Gegenwart zum Höllenspektakel solcher landschaftsverändernder Vulkanausbrüche scheinen hinreichend sicher. Der rheinische Vulkanismus ist aber noch nicht beendet. Fast möchte man meinen, Hephaistos habe hier nur eine Verschnaufpause eingelegt. Noch vor etwa 280 000 Jahren ereignete sich in diesem löcherigen Vulkanfeld ein erneutes intensives Zwischenspiel: In Sichtweite des Kottenforstes brach der Rodderberg aus und streute seine dunklen Basaltaschen bis zum nördlichen Kottenforstrand, wo man sie beim Autobahnbau antraf. Außerdem heizt verbliebenes vulkanisches Feuer immer noch die zahlreichen Thermalquellen, die von der südlichen Niederrheinbucht bis ins Mittelrheingebiet wie Perlen auf einer Schnur aufgereiht sind. Direkt am Kottenforst liegen beispielsweise die schon seit Jahrhunderten bekannten und seit der kurfürstlichen Zeit zu großem Ruhm gekommenen Mineralquellen von Bad Godesberg – spontan sprudelnd oder technisch erbohrt.

Kottenforst und Ville

Im Vergleich zum Kottenforst, dessen Gesteinsbasis noch aus dem fernen Erdaltertum stammt, ist die Ville eine typische Szenerie der Erdneuzeit. Ihre landschaftliche Entwicklung verlief gänzlich andersartig, denn sie entstand im Zusammenhang mit dem Einbruch der Niederrheinischen Bucht, der vor etwa 30 Millionen Jahren begann. Zahlreiche Verwerfungen zerlegten sie in getrennte Kippschollen, die mit ihren mächtigen Kies-, Sand- und Tonschichten um stellenweise bis zu 800 Meter in die Tiefe versenkt wurden. Der Villerücken ist Bestandteil einer Scholle, die ihre relative Höhenlage nur wenig veränderte und damit ein echter Bestandteil der Niederrheinischen Bucht – sozusagen eine Hochlage im Tiefland, die weniger tief wegsank als die benachbarten Rur- und Erftschollen. Somit endet

Blühende Bodenschätze: Buschwindröschen zieren den Frühlingswald.

Ein vorbildlicher Bauerngarten am Haus der Natur in der Waldau.

Lebensraum mit Höhen und Tiefen. Im strukturreichen Wald kann sich Artenfülle entfalten.

die Eifel nicht erst vor den Toren von Köln oder gar am Villesaum bei Grevenbroich, sondern schon mit dem Kottenforstplateau im Bonner Stadtgebiet.

Im Vergleich zu den hügeligen oder zumindest stärker reliefbetonten Kleinlandschaften in der Nachbarschaft, ist die brettebene Fläche des Kottenforstes schon als solche ein sehr bemerkenswertes Landschaftselement – eindrucksvoll zu beobachten von Aussichtspunkten der Region, etwa von der Tomburg bei Rheinbach, vom Drachenfels oder Petersberg im Siebengebirge oder vom Wachtberg bei Berkum. Diese besondere Form und Ausgestaltung des Kottenforstplateaus spiegeln einen besonders interessanten Abschnitt der jüngeren Erdgeschichte wider und werden auch nur aufgrund ihrer besonderen Entwicklung verständlich. Diese ist im wesentlichen flußgeschichtlich bedingt.

In den Kalt- und Warmzeiten des Quartärs, während der letzten zwei Millionen Jahre, führte der Rhein unterschiedliche Mengen Wasser und Sedimentfracht. Mal schüttete er mächtige Sand- und Schotterbänke auf, mal tiefte er sich stärker in sein Strombett ein.

Das Kottenforstplateau ist eine solche Terrassenfläche, der vor etwa 700 000 Jahren entstandene Hochtalboden der Hauptterrasse, die heute bei Bonn auf etwa 180 Meter ü. NN liegt und sanft nach Norden geneigt ist. Auch der anschließende Villerücken liegt auf diesem Niveau. An meh-

Saftig präsentieren sich die giftigen Früchte des Wolligen Schneeballs.

reren Stellen im Randbereich des Kottenforstes hat man die Kiese und Sande des Terrassenkörpers in Gruben abgebaut.

Die jüngere und deshalb tiefer liegende Mittelterrassenflur ist in der Umgebung des Kottenforstes landschaftlich völlig unterschiedlich. Linksrheinisch trägt sie eine fruchtbare Lößdecke, eine feinkörnige, oft viele Meter mächtige Aufwehung aus staubtrockenen Phasen der Zwischen- und Nacheiszeit. Sie ließ im rheinnahen Vorfeld des Kottenforstes die ackerbaulich intensiv genutzte Kulturlandschaft des Vorgebirges mit Gemüseanbau und weiteren Sonderkulturen entstehen. Der rechtsrheinischen Mittelterrasse vor den Bergischen Randhöhen fehlt die mächtige Lößauflagerung. Statt dessen überdecken Flugsande mit sichelförmig geschwungenen Binnendünen die Terrassenoberfläche. Wegen der Ertragsarmut ihrer Böden blieb sie nahezu unbesiedelt, so daß immer noch weite Waldflächen und Offenfluren mit Heidemooren vorherrschen.

Der gute Ton

Fast lückenlos ist die jüngere Hauptterrasse auf dem Kottenforstplateau mit stark gerundetem Rheinkies bedeckt – ein Material, das den Acker-

Brombeeren verfärben auch das Blattwerk.

Grünfrösche sind in allen Kottenforstmaaren zu Hause. Gelbe Schwertlilien säumen oft die nassen Gräben.

bau auf den Terrassenflächen sehr erschwert. Unter den Kiesen lagern an vielen Stellen tertiärzeitliche Tone, die aus zusammengeschwemmten und chemisch stark veränderten Resten der Verwitterungsrinde devonischer Schichtgesteine hervorgingen und die lockere Kies- oder Sandüberdeckung nach unten abdichten. Sie werden bei Adendorf unmittelbar südlich des Kottenforstes in einer großen Tongrube abgebaut und bei Witterschlick am Nordwestrand sogar im Untertagebau. Ein längst ausgebeutetes Tonvorkommen bei Bonn-Röttgen zeigt sich in der Kottenforstlandschaft heute nur noch als Tagebaurestsee. Schon vor Jahrhunderten entstand im Umkreis ein bedeutendes Töpfereigewerbe. Wachtberg-Adendorf bezeichnet sich mit seinen zahlreichen Betrieben ausdrücklich als Töpferort.

Westerwälder Keramiker aus dem Kannenbäckerland haben hier die handwerkliche Tradition nach dem Dreißigjährigen Krieg begründet. Wegen der abdichtenden Tonhorizonten sind die Böden auf der Kottenforstterrasse sehr staunass. Etliche Flurnamen nehmen darauf Bezug, beispielsweise die Bezeichnung Venusberg, die sich vom mittelhochdeutschen Begriff Venn (oder Fenn = Sumpf, Moor; vgl. auch Forsthaus Venne) ableitet. Das auf weiten Strecken hoch anstehende Grundwasser sammelt sich in natürlichen oder künstlich angelegten Vertiefungen und bildet dort ökologisch sehr reizvolle Wasserflächen und Feuchtbiotope. Viele davon heißen im Kottenforst eigenartigerweise Maare (Einzahl: die Maar, beispielsweise Königsmaar, Rehsprungmaar oder Metzgermaar). Mit dem geologischen Maarbegriff (das Maar), der einen besonders in der Westeifel zahlreich vertretenen Vulkantyp bezeichnet, haben diese lokalen Benennungen jedoch nichts gemeinsam.

Nur an den Terrassenrändern kann das Wasser abfließen. Hier haben sich relativ kurze, aber

dennoch sehr steile Bachtäler eingetieft. Die meisten der in nördlicher (Hardtbach, Katzenlochbach) oder östlicher Richtung entwässernden Täler (Godesberger Bach) zeigen einen bemerkenswert asymmetrischen Querschnitt mit je einem sehr steil und einem flacher einfallenden Talhang. Diese ungewöhnliche Talausformung geht teils auf eigenständige Schollenbewegungen innerhalb des Gesteinsuntergrundes des Kottenforstplateaus zurück.

Erd- oder klimageschichtlich betrachtet ist der Kottenforst noch vergleichsweise jung. Während der quartärzeitlichen Kaltzeiten konnte hier keine Waldvegetation bestehen. Erst mit der spät- und nacheiszeitlichen Wiedererwärmung, die vor etwa 13 000 Jahren einsetzte, kam auch in unserem Raum eine allmähliche Wiederbewaldung in Gang. Äußerst aufschlußreich für die Rekonstruktion der einzelnen Stationen und Bewaldungsepochen sind Pollenanalysen. Übertragbar auf die Verhältnisse von Kottenforst und Ville sind entsprechende Befunde aus dem nicht allzuweit entfernten Linder Bruch bei Porz-Lind. Hier steht in Niedermoorablagerungen ein lückenlos erhaltenes Pollenarchiv zur Verfügung, das ein recht genaues Bild der jüngeren Vegetationsgeschichte nachzeichnen läßt – von der ältesten pollenanalytisch faßbaren Vegetation des Rheinlandes mit Weiden, Pappeln, Birken und Kiefern aus der ersten nacheiszeitlichen Wärmephase bis zum Verschwinden der Wälder nach dem Hochmittelalter.

Naturpark und Erholungsraum

Seit 1957 ist der Kottenforst Bestandteil des Naturparks Kottenforst-Ville, der nach mehrfacher Erweiterung 820 Quadratkilometer Fläche umfaßt. Zu den gesetzlich definierten Merkmalen gehört es, daß er neben der Bewahrung landschaftlicher Schönheit oder Besonderheit auch der Erholung der Bevölkerung dient. Wegen seiner Nähe zu den Verdichtungsräumen Köln und Bonn wird der Kottenforst für diesen Zweck gerne in Anspruch genommen. Aufgrund seiner Eigenart und Ausstattung eignet er sich ausnahmslos für die stille Erholung – ein Umstand, der aus ökologischer Sicht seiner besonderen Qualität sehr entgegenkommt.

Erholen kann man sich in vielen Gebieten. Der Kottenforst ist darüber hinaus eine für das Rheinland einzigartige Erlebnislandschaft. Die folgenden Kapitel zeigen seinen Facettenreichtum aus unterschiedlichen Perspektive.

EIN WALD MACHT GESCHICHTE

Vom Bannforst zum Naturpark

Mancher Besucher des Kottenforstes mag sich fragen, woher denn der eigentümliche Name stammt. Erstmals taucht er im Jahr 886 in einem Güterverzeichnis der Abtei Prüm als »Cotenforast waltmarca« auf, während der Zisterziensermönch Caesarius von Heisterbach zu Anfang des 13. Jahrhunderts in einer seiner Wundererzählungen zitiert: »Du kennst den Wald im Cottinforst ...«

Die Namensherkunft ist offenbar noch älteren Datums. »Kotten« stammt wohl vom altkeltischen »coat« ab, das man in der keltisch sprechenden Bretagne als »goat« für ein Waldgebiet und im sprachverwandten Wales als »coeden« für Baum und als »coed« für Wald wiederfindet. In fränkischer Zeit wurde dem vermeintlichen Eigennamen »Coten« die Zusatzbezeichnung »forast« aus dem mittellateinischen »forestis« angefügt, die aus dem lateinischen »foris« (draußen) gebildet wurde. Im Gegensatz zum heutigen »Forst« stand sie jedoch nicht als Flächenbegriff für einen bewirtschafteten Wald, sondern als Rechtsbegriff für nicht urbar gemachte Wälder, für jegliches Wildland und alle Gewässer. Diese Ländereien unterstanden als herrenloses Land und Gut dem Herrschaftsrecht und der Banngewalt der fränkischen Könige. In den »forestes« behielt sich der König alle oder bestimmte Nutzungen vor und schränkte die Rechte des freien fränkischen Bürgers an beliebiger Inanspruchnahme von Holz, Wild, Fischen, Bienen und Waldfrüchten oder der Waldweide ein. Nutzungen bedurften in den Bannforsten besonderer Genehmigungen, die durch Abgaben vergütet werden mußten. Die Verletzung des Königsbannes wurde mit strengen Strafen geahndet.

Die Jagd hatte dabei immer einen hohen Stellenwert. Das Jagdrecht war in den Bannbereichen in aller Regel dem König vorbehalten. Im frühen Mittelalter spielten die Waldweide und besonders der Schweineeintrieb in den Wald zur Mastnutzung zunächst eine fast größere Rolle als die Holznutzung, die erst mit wachsender Bevölkerungszahl an Bedeutung gewann.

Nutzung seit der Römerzeit

Wandert man durch den Kottenforst, stößt man hin und wieder auf ortsfremde Steine, meist auf hellen Drachenfelstrachyt, den man an seinen großen Sanidinkristallen erkennt. Manchmal entdeckt man rote Ziegelreste, erkennt unscheinbare Bodenerhebungen als Haushügel und ist auf die Spuren der Römer gestoßen. Die Absuche nach Munitionsresten aus dem letzten Weltkrieg hat allerdings gezeigt, daß hier die römische Besiedlung rein landwirtschaftlichen Charakter hatte. Außer zahlreichen Hufeisen, Scherben einfachen Tongeschirrs, einigen Mühlsteinrelikten und vielen Steinen und Dachziegelresten traten keine spektakulären Funde zu Tage. Wahrscheinlich haben die Römer das Gebiet des Kottenforstes stark aufgelichtet und hier Vieh gehalten, um ihre beiden großen Garnisonstädte Colonia Claudia Ara Agrippinensium (Köln) und Castra Bonnensis (Bonn) mit Nahrungsmitteln zu versorgen. Bei der Funddichte römischer Besiedlung im Kottenforst muß man allerdings berücksichtigen, daß die Präsenz der Römer in unserer Region viereinhalb Jahrhunderte währte und somit sicher nicht alle Gebäude, deren Reste wir heute noch vorfinden, gleichzeitig vorhanden waren. Im Norden des Waldes findet man die Reste der römischen Wasserleitung.

Der Forst bei den Franken

Nach der Vertreibung der Römer zum Ende des 5. Jahrhunderts war der Kottenforst lange Zeit an das karolingische Königsgut Muffendorf gebunden, das sicher schon in römischer Zeit als

Ansehnlich auch von außen: Grünland umgibt den geschlossenen Wald.

Das maigrüne Laub der Rotbuche kündet vom Frühling.

»villa rustica« (Landgut) oder als »fiscus« (Staatsgut) existiert hat. Über mehrere Jahrhunderte gehörte der südliche Kottenforst zu seinem Wirtschaftsgebiet. Wenngleich keine gesicherten Quellen über die forstliche Organisation in fränkischer Zeit existieren, so kann man doch davon ausgehen, das Muffendorf Sitz eines »magister forestariorum«, eines Forstmeisters war, der mit Gerichtsgewalt ausgestattet war und dem »forestarii« (Förster) unterstanden. Diese wurden bei der Wahrnehmung ihrer Aufgaben wiederum von den »servi forestarii« (Forstknechten) unterstützt. Die Jagd war von den forstlichen Aufgaben getrennt und wurde von »venatores« (Jägern) oder von »falconarii« (Falknern) wahrgenommen.

Der Begriff »forestis« erscheint zum ersten Mal im Jahre 556 in einer Urkunde des fränkischen Königs Childiberth. Die »forestes« waren wie alles Reichsgut Immunitäten, die der öffentlichen Gewalt der Grafen entzogen waren und Sonder-

gerichte hatten, die sich allerdings auf die Belange des Waldes beschränkten. Den Vorsitz eines Forstgerichtes, auch »Waldgeding« genannt, hatte der Forstmeister. Schöffen waren die ihm untergeordneten Förster. Die Gedinge unterstanden direkt dem Königsgericht und blieben als Sondergerichte in unterschiedlicher Zusammensetzung bis zur napoleonischen Besatzung Ende des 18. Jahrhunderts erhalten.

Der Kottenforst wird zum ersten Mal näher beschrieben in einer Urkunde vom 25. Juli 973, mit der Kaiser Otto II. der Kölner Kirche auf Bitten des Erzbischofs Gero das Privileg der Hohen Jagd und der Fischerei in einem großen linksrheinischen Gebiet bestätigt, zu dem auch Kottenforst und Ville »zwischen Erft und Rhein bis zum Zusammenfluß beider« gehörten. Für den Bereich der Ville beschränkte sich das Jagdrecht ausdrücklich auf »cervos et cervas«, also auf männliches und weibliches Rotwild. Das Privileg beruhte auf einer Schenkung des Königs Lodowicus; man geht heute davon aus, daß es sich dabei um König Ludwig das Kind (893–911) gehandelt hat. Die Urkunde von 973 war lange Zeit lediglich aus Kopialbüchern des späten Mittelalters bekannt und wurde erst 1933 in einer Privatbibliothek in Polen entdeckt. Sie befindet sich heute im Staatsarchiv in Düsseldorf.

Wechselnde Besitzer

Die Besitzverhältnisse nach dem Zusammenbruch des Ottonischen Reiches sind nicht genau bekannt. Wahrscheinlich fielen der Muffendorfer Hof und der Kottenforst an die Kirche. Anfang des 11. Jahrhunderts ist jedenfalls das Kloster Hersfeld in Hessen Besitzer des Hofes Muffendorf, den im Jahre 1020 König Heinrich II. erwirbt. Schon bald wird der Kölner Erzbischof Besitzer von Hof Muffendorf, denn bereits 1057 überträgt Erzbischof Anno das Besitztum Muffendorf auf Lebzeiten der Tochter Richeza des Ezzo (Erenfrid), Pfalzgraf in Lothringen und Graf von Auelgau und Bonngau auf der Tomburg bei Rheinbach. Als Richeza im Jahre 1063 stirbt, fällt der Besitz Muffendorf an die Kölner Kirche

Ein Wald zum Wandern und Wundern.

zurück. Erzbischof Anno überträgt ihn 1075 der von ihm um 1064 gegründeten Benediktinerabtei Michelsberg in Siegburg.

Mit dem Hof in Muffendorf war eine der ältesten bekanntgewordenen Forstorganisationen des Mittelalters verbunden. In der fast 500jährigen Besitzverfügung der Abtei Siegburg war er Sitz der klösterlichen Forstverwaltung und des Waldgerichtes (Kottenforstgeding). Noch heute heißt der große Fachwerkhof unweit der ehemaligen Deutschherren-Commende in Muffendorf »Siegburger Hof« oder im Volksmund auch »Jägerhof«. Die Leitung der Forstverwaltung oblag – wie in fränkischer Zeit – dem Forstmeister, der später auch »Waldschultheiß« genannt wurde. Die Forstmeister waren vorwiegend Priestermönche der Abtei Siegburg. Die Dienstbezeichnungen der Forstbediensteten wurden im 15. Jahrhundert eingedeutscht, aus den »forestarii« und »custodes« wurden die Waldförster. Förster, die mit einem vererblichen Lehen ausgestattet waren, nannte man Erbförster. Es gab deren zwei zu Muffendorf und einen zu Meckenheim. Den Förstern waren »Forstknechte«, »Buschknechte« und »Jegerknechte« untergeordnet, die dem Stande der Unfreien oder Hörigen entstammten. Das Forstpersonal, mit Ausnahme der Knechte, genoß die Befreiung von allen öffentlichen Abgaben. Daraus leitet sich die Bezeichnung »freie Förster« ab. Die Förster leisteten dem Dienstherren den Amtseid und

versahen ihre Aufsichtsfunktion innerhalb von bestimmten »hoeden« (Huten), was man mit der heutigen Bezeichnung Reviere übersetzen kann.

Schwierige Kontrolle

Zahlreiche Nutzungsberechtigungen waren im Laufe der Jahrhunderte zu Gewohnheitsrechten geworden, darunter der Umfang des Schweineeintriebes, die Waldweide und die Holznutzungen durch die umliegenden Gemeinden, Kirchen, Bauern, Güter und Bediensteten. Die Aufsicht über den Wald wurde mit der Zeit immer schwieriger, und auch die Auseinandersetzungen darüber mit Nachbarn nahmen stetig zu. So kam dem Kottenforstgedinge in Muffendorf, das dreimal jährlich tagte, eine besondere Bedeutung zu. Die Geschworenen waren die Vertreter der Lehensgüter, wobei die Deutschordensritter der Commende Muffendorf, die seit 1254 vier »Vollerlehen« des Klosters innehatten, Hauptgeschworene waren. In zahlreichen Weistümern wurde aufgrund von Begehungen und nach den Berichten der Waldförster der Umfang der jährlichen Waldnutzung festgelegt. Die Förster hatten außerdem zu berichten, »ob der Wald verhauen, verschmälert oder verlegt wurde«. Eine besondere Bedeutung kam den sogenannten Viermännern zu, die erstmalig 1320 als Vasallen der Abtei Siegburg erwähnt werden und als Lehnsherren der Güter und Höfe Odenhausen in Wachtberg-Berkum, Adendorf in Wachtberg-Adendorf und Turmhof sowie Binsfelderhof in Bonn-Friesdorf zur Abtei Siegburg in einem besonderen Rechtsverhältnis standen. Sie hatten die Aufgabe übernommen, die Abtei und deren Forstverwaltung in Muffendorf zu unterstützen.

Eine besondere Form des Waldgerichtes bestand in Morenhoven und wurde erstmalig 1218 urkundlich erwähnt. Eine Anerbengenossenschaft hatte altüberlieferte genossenschaftliche Holz- und Waldmastrechte. Sie wählte jährlich einen Waldschultheißen und hielt ein Waldgedinge ab. Dabei trug der »Waldbote« die vorgekommenen Waldfrevel vor. Bei einem Waldge-

Vom Siegburger Hof in Bad Godesberg-Muffendorf wurden die Geschicke des Kottenforstes gelenkt.

ding im Jahre 1643 beklagten sich die Anerben jedoch über den amtierenden Waldschultheißen, daß er »40 oder 50 Wagen Holz unberechtigt aus dem Walde verführet habe, er ist der größte Schaden des Waldes und darüber er uff die Finger zu kloppen wäre«.

Der Kottenforst wird Kirchengut

Ein über Jahrhunderte währender Streit mit dem Hause Gudenau in Villip über Schweineeintriebsrechte, der als sogenannter Schweinekrieg aktenkundig geworden ist, mag als Beispiel für anhaltende Streitigkeiten dienen. Solche Auseinandersetzungen haben die Abtei zu Siegburg bewogen, den Kottenforst im Jahre 1549 an die Kölner Kirche zu verkaufen. Das Kölner Erzstift hatte jährlich zu Martini (11. November) eine Zahlung von 350 Goldgulden aus dem Bonner Zoll an die Abtei zu entrichten. In der Urkunde vom 3. Mai 1549 heißt es: »Da die Nachbarn und Anstoßenden des abteilichen Waldes Kottenforst denselben verwüstet und verhauen, durch vielfältige und überschwengliche Hude verdorben, das Holz vertragen und verfeuert haben ... so hätten sich Abt und Konvent ent-

schlossen, den Kottenforst dem Erzbischof und dem Stifte von Köln erblich und für immer zu verkaufen mit dem Holz, Nutzungen und Waldrechten, sich nur die Viermänner, deren Gerechtsame anerkannt wird, als Vasallen vorbehaltend, so daß auch der Klosterhalfen zu Muffendorf bei dem Bezuge seines nötigen Bau- und Brennholzes und der Mast für seine Trogschweine verbleibe«. So wurde die Kölner Kirche, nachdem sie schon rund 650 Jahre lang das Jagdrecht im Kottenforst innehatte, auch dessen Besitzer und blieb es fast 250 Jahre.

Obwohl der Besitzübergang von der Abtei Siegburg zur Kölner Kirche die Trennung der Forstverwaltung vom Hof Muffendorf zur Folge hatte, verblieben dem Siegburger Abt einige Rechte und der Vorsitz über das Waldgeding in Muffendorf. Die Verwaltung des Kottenforstes erfolgte von der kurfürstlichen Hofkammer zu Bonn aus. Trotzdem hatten Erzbischöfe und Kurfürsten mit dem Kottenforst ähnliche Probleme wie die Abtei Siegburg, da die unzähligen Weide-, Mast- und Holzgerechtsame, dazu Laub,- Gras-, Streu- und Plaggennutzungen dem Zustand des Waldes sehr zusetzten. Im Laufe der kurkölnischen Jahrhunderte zeichneten sich zwar Bemühungen um eine planmäßige Bewirtschaftung des Waldes ab, die jedoch dem steigenden Holzbedarf der zunehmenden Bevölkerung nicht gerecht wurde. Wenn auch das Holzaufkommen zunächst den Bedürfnissen des Hofes, der Bediensteten und der Bevölkerung diente, wurde ab dem 17. Jahrhundert wertvolleres Eichen-Stammholz für den Schiffsbau nach Holland verkauft. Das führte zur Rationierung des Holzverbrauchs bis hin zum Verbot der Einwanderung in den Kurstaat. Die Waldweide setzte den Jungwüchsen zu, der Schweineeintrieb erreichte enorme Dimensionen. Im Jahre 1655 wurden allein für den kurfürstlichen Hof in Bonn 437 »Dienstschweine« zur Mastnutzung in den Kottenforst getrieben. Für das Jahr 1705 ist die Gesamtzahl von 5000 Schweinen nachgewiesen. 1759 heißt es: »In summa das gehöltz uff dem Cottenforst ist durch verhawen, verdorven, verschnitten, windschlag und sonsten dermaßen geschmälert und verdorven, das nicht möglich ist, soviel Schwein zu mästen«.

Ordnung in kurfürstlicher Zeit

Durch zahlreiche Jagd-, Busch- und Forstordnungen wurde ein spezieller Gesetzesbereich geschaffen und immer wieder versucht, die zunehmenden Ansprüche an den Wald in geregelte Bahnen zu lenken. Die meisten Anordnungen beklagen die Nichteinhaltung der vorangegangenen Bestimmungen und versuchen Abhilfe zu schaffen. In einem Reskript des Kurfürsten Clemens August vom 27. Mai 1741 heißt es: »Von Gottes Gnaden Wir Clement August Ertz-Bischoff zu Cöln, des Heiligen Römis. Reichs durch Italien Ertz-Canzler und Churfürst ... haben einige zeithero mißfälligst wahrgenommen / daß / ohnangesehen deren in Unserem Ertzstifft vorhandenen vielen Waldungen / gleichwohl ein mercklicher Abgang an Holtz / so wohl zum Brand / als zu denen Gebäuen und Weingarten / verspüret werde / solches aber daraus entstehe / daß kurtzhin viele Waldungen gäntzlich ausgerottet ... so thuen Wir gnädigst

und ernstlich verordnen / daß ...« Es folgen nun viele Verbote und Gebote, vom Verbot der Rodung und des Maibaumsetzens bis zur Anweisung von Neuanpflanzungen auch an Privateigentümer sowie Verfahrensweisen gegen Holzdiebe bis hin zum Landesverweis. Vom letzten Kurfürsten Max Franz wurden zur Verhinderung der Walddevastierung sogar Martins- und Osterfeuer untersagt. Zur besseren Koordinierung der forstlichen Aufgaben und besonders der Überwachung der in der »Jagd-, Busch- und Fischerey-Ordnungen« getroffenen Bestimmungen führte Clemens August 1759 eine wöchentliche Dienstbesprechung des Forstpersonals ein. Ende des 18. Jahrhunderts begann die kurfürstliche Hofkammer mit der Ablösung der Servitute und zahlte gewöhnlich einen einmaligen Geldbetrag. Die Ablösung der letzten Weiderechte zog sich allerdings lange hin. So wurde der Weidegenossenschaft Pech um 1900 ein Teil des Walddistriktes 52 der Försterei Schönwaldhaus überlassen, von ihr gerodet (heute noch Rottland genannt), bis in die 70er Jahre des 20. Jahrhunderts als Gemeinschaftsweide bewirtschaftet und dann erst in Parzellen aufgeteilt.

Der Wald wird barock

Im Jahr 1583 wurde mit Ernst von Bayern der erste Wittelsbacher Erzbischof und Kurfürst von Köln. Ihm folgten Ferdinand, Maximilian Heinrich und Josef Clemens, der 1688 das hohe Amt mit erst 17 Jahren erhielt und es bis 1723 innehatte. Dessen Nachfolger wurde der für den Kottenforst besonders bedeutende Clemens August (1700 – 1761), mit 23 Jahren Erzbischof und Kurfürst von Köln.

Alle Wittelsbacher Landesherren waren begeisterte Jäger und bauten eine umfangreiche Forst- und Jagdverwaltung auf, der von 1595 – 1794 fünf Freiherrn von Weichs als Obristjägermeister vorstanden. Sie wurden 1623 mit Herrschaft und Burg Rösberg belehnt. Clemens August ließ um die Mitte des 18. Jahrhunderts in Röttgen das Jagdschloß Herzogsfreude errichten und ein umfangreiches System aus

Forsthaus Schön-
waldhaus in
Villiprott: In der
Hofmauer sind
alte Grenzsteine
aus dem Kotten-
forst dingfest ge-
macht.

Schneisen bauen, »60 Fuß breit« und jeweils auf
Dörfer und Flecken am Rande des Kottenforstes
ausgerichtet. Die nach diesen benannten Alleen
oder Bahnen hatten beidseitig Entwässerungs-
gräben und waren als Erddämme angelegt. In
preußischer Zeit sind viele Jagdschneisen auf halber Breite als Holzabfuhrwege ausgebaut worden, so daß wir heute neben den vielen Wald-
wegen in einigen Metern Abstand einen
Parallelgraben finden, der die ursprüngliche
Schneisenbreite markiert. Die nicht ausgebauten
Schneisenhälften sind aufgeforstet worden oder
haben sich auf natürliche Weise bewaldet. In

*Zum Forsthof
gehört eine
bilderbuchreife
Streuobstwiese.*

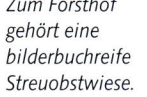

den letzten Jahren wurden in der Försterei
Schönwaldhaus viele erneut geöffnet, als Alleen
bepflanzt oder durch das Herausbilden von
Alleebäumen aus den Rändern des Bestandes
gestaltet, um ihre Geschichte als Jagdbahnen
sichtbar zu machen.

Kurfürst Clemens August ließ in Röttgen außer
dem Jagdschloß Herzogsfreude eine kleine
Kapelle errichten, ferner das Jägerhäuschen als
Relaisstation zum Wechseln von Pferden und
Meutehunden. Im Jahre 1729/30 entstanden
das Forsthaus Venne und 1730/31 das Forsthaus
auf dem »Philliper Rötgen«, dem heutigen Ort
Villiprott. Von 1731 bis 1834 saßen hier vier Stel-
leninhaber der weitverzweigten Försterfamilie
Schönewald, so daß das kurfürstliche Verwal-
tungsgebäude heute als Forsthaus Schönwaldhaus ihren Namen trägt. Das Wohnhaus wurde
1893 neu errichtet im Stil und Grundriß aller
Forsthäuser, die im gesamten preußischen Reich
um die Jahrhundertwende gebaut wurden und
von denen ein zweites im Kottenforst das Forsthaus Buschhoven ist.

Napoleon löst die Kurfürsten ab

Als Kurfürst Clemens August 1761 starb, befand
sich der Staatshaushalt infolge seiner regen

Bautätigkeit, seiner prächtigen Hofhaltung, dem aufwendigen Jagdbetrieb, seiner Sammelleidenschaft und einer wenig erfolgreichen Porzellanmanufaktur in desolatem Zustand. Der Nachfolger, Max Friedrich von Königsegg, schaffte die Parforcejagd ab und löste die Falknerei auf. Der letzte Kurfürst von Köln war Max Franz von Habsburg, Sohn der Kaiserin Maria Theresia. Mit der Besetzung von Bonn durch die napoleonischen Truppen im Jahr 1794 endete der feudale Kurstaat. Unmittelbar danach veranstaltete der 25jährige Kommandant der französischen Truppen, General Marceau, eine große Jagd im Kottenforst, nach deren Ende mehrere Leiterwagen mit Wildbret nach Bonn geschafft wurden, eine Demonstration dafür, daß das »régime ancien« nunmehr vorüber ist. Diese Jagd markiert gleichzeitig das Ende des Rotwildvorkommens im Kottenforst. Die Franzosen belassen eine Reihe von Forstbediensteten in ihren Ämtern, so den Forstmeister Maximilian Friedrich Ostler, der nach dem Tode seines Vaters 1782 mit zwölf Jahren zum »wirklichen Forstmeister« ernannt worden war mit der Maßgabe, das Forstwesen im Ausland, also außerhalb des Kurstaates, zu erlernen. Wegen der durch England gegen das von Napoleon beherrschte Europa verhängten Kontinentalsperre wurden viele Wälder völlig übernutzt und verwüstet, und auch die Forstleute des Kottenforstes mußten gegen ihren Willen an diesen Waldzerstörungen mitwirken. Um das Jägerhäuschen pflanzten 1811 die französischen Offiziere der Garnison Bonn anläßlich der Geburt von Napoleons Sohn Lärchen alpenländischer Herkunft, von denen einige noch stehen – lebendige Zeichen einer Zeit, als der Kottenforst ein »forêt impériale« war.

Preußische Oberförsterei

Im Jahr 1815 wurde nach den Regelungen des Wiener Kongresses das linke Rheinufer preußisch, aus dem französischen Staatswald eine nunmehr königlich preußische Oberförsterei, die ihren Sitz an verschiedenen Stellen in Bonn hat, ab 1963 als Staatliches Forstamt Kot-

tenforst und ab 1995 als Staatliches Forstamt Bonn-Kottenforst/Ville in Bonn-Röttgen sitzt – wie das kurfürstliche Vorgängeramt. Die preußischen Forstleute begannen damit, den Waldzustand zu verbessern und vor allem die in der Zeit der französischen Besatzung devastierten Waldflächen aufzuforsten. Die erste Forsttaxation aus dem Jahre 1829 wies nämlich nur 335 Hektar Laubhochwald und 139 Hektar Kiefernwald auf, die man in die planmäßige Bewirtschaftung übernehmen konnte. Das sind lediglich knapp 12 % der rund 3500 Hektar umfassenden Staatswaldfläche. Die preußische Forstverwaltung baute ein Entwässerungssystem, das

Bäume als Zeitzeugen – die Dicke Eiche an der Weingartsbahn ist ein Naturdenkmal.

geschickt die vielen kleinen Wasserflächen der Maare als Rückhaltebecken einbezieht. Auf einigen Jagdbahnen wurden Waldwege errichtet, andere auch als Viehweiden genutzt. So meldete der Hegemeister Schröder zu Schönwaldhaus für die Jahre 1865 bis 1868 bei der Oberförsterei jährlich zwischen sieben und dreizehn Stücke Rindvieh zum Eintrieb auf den begrasten Jagdschneisen an.

Im Jahre 1881 wurde die Eisenbahnstrecke Bonn-Euskirchen gebaut und gleichzeitig der Bahnhof Kottenforst an der Flerzheimer Allee am Westrand des Kottenforstes. Wenige Jahre später ließ der damalige Leiter der Oberförsterei Kottenforst, Sprengel, eine 6,2 Kilometer lange Waldeisenbahn bauen, die vom Bahnhof Kottenforst entlang der Weingartsbahn zum Jägerhäuschen und von dort im Verlauf des heutigen Professorweges in Richtung Försterei Venne verlief. Sie hatte zwei Kilometer Zubringerstränge und transportierte auf pferdegezogenen Loren einen großen Anteil des anfallenden Holzes.

Die preußische Oberförsterei und nach 1945 das Staatliche Forstamt Kottenforst waren von 1851 bis 1959 Lehr- und Versuchsrevier der Landwirtschaftlichen Hochschule der Friedrich-Wilhelm-Universität zu Bonn. Mehrere Forstamtsleiter hatten einen Lehrauftrag für das Fach Waldbau an der Landwirtschaftlichen Fakultät, einige eine Professur. In Bonn studierende Fürstensöhne erhielten Privatunterricht im Fach Waldbau, so auch Prinz Wilhelm von Preußen (späterer Kaiser Wilhelm II.) sowie seine Söhne Eitel-Friedrich und Oskar. Die preußischen Prinzen hielten sich zu Exkursionen und zur Jagd im Kottenforst auf und pflanzten zur Erinnerung Eichen am Jägerhäuschen. Prinz Wilhelm weilte hier am 19. Juli 1879 mit Gefolge zur Rehbockjagd. An diesem Tage wurde zu seinen Ehren ein Jagdessen auf dem festlich geschmückten Vorplatz des Jägerhäuschens ausgerichtet, zu dem eigens ein Jagdservice von einer Bonner Porzellanfabrik hergestellt wurde. Ein erhaltener Gedenkstein notiert: »Am 19. Juli 1879 wurde diese Eiche von Seiner Königlichen Hoheit dem Prinzen Wilhelm von Preussen zum Andenken an die im hiesigen Reviere genossenen Waidmannsfreuden allerhöchst eigenhändig gepflanzt«.

Staatswald und Naturpark

Nach dem Zweiten Weltkrieg wurde aus dem preußischen Forstamt das Staatliche Forstamt Kottenforst des Landes Nordrhein-Westfalen. Das Forstamt Bonn der Landwirtschaftskammer Rheinland mit seinen Forstbeamten betreute den Privatwald der Region, der kein eigenes Forstpersonal beschäftigt. Aufgrund des Landesforstgesetzes von 1969 wurden 1972 die beiden Forstämter Kottenforst und Bonn im Staatlichen Forstamt Kottenforst zusammengeführt, nach einer neuerlichen Umorganisation im Jahre 1995 die beiden Forstämter Kottenforst und Ville. Daß das neue Forstamt den Namen Bonn führen muß und die über 1000 Jahre alten Namen Kottenforst bzw. Ville nach längerem Bemühen lediglich im Untertitel behalten darf, wird eine kaum nachvollziehbare Entscheidung bleiben.

Knorrig, stämmig, standfest, so präsentiert sich diese Rotbuche mit ihren massiven Maserknollen.

Schon um die Wende zum 20. Jahrhundert entwickelte sich der Kottenforst zum beliebten Naherholungsgebiet für die Region Bonn. Mit der Wahl zur Bundeshauptstadt setzte ein starker Zustrom in den Bonner Raum ein. Bundes- und Landesregierung ebenso wie kommunale Stellen drangen darauf, die Waldlandschaft des Kottenforstes wegen ihrer Schönheit und Urwüchsigkeit im Sinne der vielen Erholungssuchenden zu erhalten und als Naturpark auszuweisen. 1959 wurde der »Naturpark Kottenforst« gegründet und 1967 um die Ville zum Naturpark Kottenforst-Ville erweitert. Im Naturpark haben der Erholungswert und die Schönheit der Landschaft einen hohen Stellenwert, auf den die Bewirtschaftung des Waldes besondere Rücksicht zu nehmen hat. Dem trug man im Kottenforst

Blüten für Nacht-schwärmer: Wald-Geißblatt ist einer der schönsten Blütensträucher.

Roter Fingerhut ziert größere Lichtungen.

Rechnung bei der Behandlung der Waldbestände und durch eine entsprechende Infrastruktur vor allem beim Bau und bei der Unterhaltung der Waldwege, vermied aber tunlichst eine Möblierung des Waldes, sondern begnügte sich mit wenigen Schutzhütten und einer Anzahl von Ruhebänken.

Vom Wild im Wald

Bedeutend für den Erholungswert des Kottenforstwaldes sind seine Tiere, die der Waldbesucher beobachten kann, wenn er sich ruhig verhält und auf den Wegen bleibt. Was hier an heute ausgestorbenen Wildtieren in vorgeschichtlicher Zeit in dem größeren Wald seine Fährten zog, wissen wir nicht genau. Sicher kamen Auerochs, Elch, Bär, Wolf und Luchs vor. Der letzte Wolf im Kottenforst wurde nachweislich am 12. Februar 1836 erlegt. Das Rotwild, im Gebiet in der Zeit der napoleonischen Besatzung weitgehend ausgerottet, gelangt heute nur noch selten auf alten Fernwechseln in den Kottenforst.

Schwarzwild kam zu allen Zeiten in unterschiedlicher Dichte vor und hatte früher – vor allem in strengen Wintern – immer wieder Zuzug aus der Eifel, wurde aber bis über die Mitte unseres Jahrhunderts wegen der von ihm verursachten Feldschäden recht gnadenlos verfolgt. Rehe gab es zu jeder Zeit, Füchse sind ebenso wie Baum- und Steinmarder im gesamten Kottenforst präsent, Dachse vor allem an den Rändern des Kottenforstplateaus. Hin und wieder gelangt die Wildkatze aus der Voreifel in unseren Wald. Hasen und Kaninchen waren bis Ende der 70er Jahre unseres Jahrhunderts häufiger als heute.

Die Wildbestände waren auch im Kottenforst immer abhängig von den Zeitläufen. Nach dem Revolutionsjahr 1848 und nach dem Ersten Weltkrieg wurden sie bis auf geringe Reste zusammengeschossen, während ihnen die letzte Nachkriegszeit weniger geschadet hat, da auf Waffenbesitz die Todesstrafe stand. Heute bemühen sich die um den Kottenforst liegenden privaten und kommunalen Jagdreviere und der Staatsforst im Verbund von Hegegemeinschaften die Wildbestände so zu behandeln, daß sie in Wald und Feld wenig Schaden anrichten, aber doch so zahlreich sind, daß der disziplinierte Waldbesucher sie hin und wieder in Anblick bekommt. Die ständige Präsenz von Menschen im Kottenforst zu allen Tages- und Nachtzeiten stört das Wild jedoch zunehmend in seinem Verhalten.

Eine Besonderheit sind im Kottenforst das Damwild und das amerikanische Trutwild. Um die Jahrhundertwende hatte Philipp Baron von Boeselager im Heimerzheimer Wald Känguruhs ausgesetzt, die sich auch vermehrt haben, dann aber von Wilderern aufgerieben wurden. Mitte der 50er Jahre wilderte man in der Försterei Buschhoven amerikanische Bronzeputer aus; ein kleiner Bestand hat sich im Vorgebirge gehalten.

Wünschen und hoffen wir, daß uns und auch kommenden Generationen das Juwel Kottenforst mit seinen vielfältigen Wohlfahrtswirkungen erhalten bleibe.

Graureiher an einer Kottenforstmaar beim Jägerhäuschen.

DIE JAGD IM KOTTENFORST

Ein Streifzug durch Jagdkultur und Jagdgeschichte

»Die letzten Jahre voller Not und Verfall haben auch unseren Waldungen tiefe Spuren eingedrückt; es ist ja immer so gewesen, Wald und Wild müssen büßen für Torheit und Sünden der Menschen. Schwere Schäden sind entstanden, und weiterer Schaden droht in der Zukunft.« Diese Zeilen von Paul Seehaus über den Kottenforst (1924) zeigen, daß diese großartige Kulturlandschaft im Ballungsraum Köln-Bonn immer der hegenden Sorge des Menschen bedurfte. Zu unterschiedlichen Zeiten haben jeweils unterschiedliche Nutzungen im Vordergrund gestanden. Immerhin lassen sich im Kottenforst mehr als 1000 Jahre Nutzungsgeschichte und damit auch eine mindestens gleich lange Geschichte der Jagd nachvollziehen.

Forst und Jagd in verschiedener Hand

Die rechtlichen und materiellen Grundlagen und Voraussetzungen für die Geschlossenheit dieses großflächigen Waldgebietes reichen bis in das Mittelalter zurück. Nicht zuletzt garantierten die Belange der Jagd seit der Karolingerzeit sein Fortbestehen und seine Entwicklung. Im Jahre 973 bestätigt Kaiser Otto II. dem Erzbischof Gero von Köln den Wildbann, das Jagdprivileg der Kölner Erzbischöfe im Kottenforst. Das Jagdrecht der Kölner Kirche bezieht sich für den Bereich des Kottenforstes ausdrücklich auf männliches und weibliches Rotwild, auf Hirsche und Kahlwild, und bezeichnet demnach das Recht der hohen Jagd, während die niedere Jagd bereits anderen Berechtigten zustand. Ferner ist festzuhalten, daß es dabei ausschließlich um das Jagdrecht der Erzbischöfe, nicht aber um deren Eigentum an Grund und Boden geht. Das Forstrecht bzw. die Forsthoheit waren davon nicht berührt.

Unter Niederjagd oder niederer Jagd versteht man die Jagd auf Niederwild, wozu Hase, Kaninchen, Fuchs, Dachs und sämtliches kleineres Haarraubwild zählen. Davon streng geschieden ist die Hohe Jagd, eine Klassifizierung, die landschaftlich unterschiedlich geregelt war, in unserem Raum das Rot- und Schwarzwild, ferner Rehwild, Wölfe, Auer- und Birkwild sowie zur Zeit Clemens Augusts auch Haselwild und Fasan umfaßte. Damit war der Jagdanspruch der Erzbischöfe und späteren Kurfürsten definiert. Eng mit dem Jagdrecht verbunden war auch das Recht, die Erlaubnis für Rodungen zu erteilen oder zu versagen: Hierdurch hatte der Wildbanninhaber ein Instrument, der Beeinträchtigung der Jagd entgegenzuwirken und somit die Geschlossenheit des Waldgebietes zu bewahren. Dem Jagdrecht waren alle anderen Belange und Rech-

Eine haarige Begegnung: Wildschweine sieht man im Kottenforst nicht allzu häufig.

Der Ringfasan wurde im Kottenforst eingebürgert.

te am Wald untergeordnet – eine wichtige Voraussetzung zur Herausbildung eines landesherrlichen Forstes, wie er in der Folgezeit für die Erzbischöfe und Kurfürsten von Köln von Bedeutung war.

Kurfürsten im Kottenforst

Mit der nahezu 200jährigen Geschichte der Wittelsbacher als Erzbischöfe und Kurfürsten von Köln begann eine neue Epoche für den Kottenforst. Dem zum reformierten Glauben übergetretenen Kurfürsten Gebhard Truchseß von Waldburg (1577–1583) folgte Kurfürst Ernst von Bayern (1583–1612). Mit ihm wurde die katholische Reform im Rheinland eingeleitet. Der herausragendste und glanzvollste Vertreter des Hauses Wittelsbach am Rhein war jedoch Kurfürst Clemens August, der von 1723 bis 1761 die erzbischöfliche Würde innehatte. Seine Jagdleidenschaft war sprichwörtlich. Prunkvolle höfische Jagd sowie Prachtentfaltung waren die bestimmenden Merkmale seiner Regierungszeit. Waren bis zum Ausgang des Mittelalters die Forstverwaltung und das Jagdwesen zwei voneinander getrennte Bereiche, so ist seit dem 16. Jahrhundert eine zunehmende Verschmelzung beider zu beobachten. Dem Jagdpersonal wurde zunächst die Aufsicht und dann auch die Bewirtschaftung der landesherrlichen Forste übertragen. Zum anderen erforderten die zum großen Teil aus Frankreich übernommenen Jagdmethoden mehr Personal in der Jagd- und Forstverwaltung als früher. Auch ist für das 18. Jahrhundert eine weitere Verschlechterung des Waldzustandes festzustellen. Der Kurfürst war bemüht, hier in Kombination mit der Jagd deutliche Verbesserungen einzuführen. Jagd und die Ausübung der einzelnen Jagdarten hatten den Charakter einer Handwerkszunft angenommen. Eng mit den Kurfürsten aus dem Hause Wittelsbach verbunden sind die Reichsfreiherrn von Weichs, die eine hervorragend funktionierende Forst- und Jagdverwaltung aufbauten. Seit 1595 waren sie Obrist-, Forst- und Jägermeister der Kurfürsten. Der erste war Gaudenz von Weichs.

Ihm folgten 1645 Ferdinand, 1679 Dietrich Adolf, 1722 Ferdinand Joseph und dann Clemens August (!) von Weichs. Wie wichtig und bedeutend dieses Amt war, zeigt die Tatsache, daß die Familie seit 1623 mit Schloß Rösberg im Vorgebirge belehnt wurde, das leider im Zweiten Weltkrieg zerstört war. Seit etwa 1700 gewann die Hofkammer zunehmend an Bedeutung. Dem Obrist-Jägermeister war ein Stellvertreter beigegeben. Diesem unterstanden die Kellnerei Bonn und die Landjägerei Kottenforst mit einem Forstverwalter, der zugleich Kastellan des Jagdschlosses Herzogsfreude in Röttgen und Leutnant der französischen Jagd (Parforcejagd) war. Neben einem Forst- und Jagdschreiber sind zwei Waldförster, sieben berittene Jäger, ein Hofjäger, zwei Jäger und Förster sowie ein weiterer Förster zu verzeichnen. Insgesamt gab es im Jahre 1759 im Rheinischen Forstamt 58 Forstbedienstete, nicht gerechnet die Forst- und Buschknechte, die sich aus der Bevölkerung der an den Kottenforst angrenzenden Dörfern rekrutierten.

Freuden für die Obrigkeit

Ebenso wie die übrige Staatskunst war die Ausübung der Jagd ein Teil der fürstlichen Machtentfaltung und als solche ein ständisches Vergnügen, das auf die Belange der Bauern und kleinen Leute nur wenig oder kaum Rücksicht nahm. »Oft wurden die Bauern zu niederen Jagddiensten herangezogen, zum Beispiel als Treiber. Auch wurde ihnen auferlegt, die Jagdgesellschaft mit Unterkunft und Nahrung zu versorgen sowie Futter für Pferde und Hunde zu beschaffen. Da der Wildbestand absichtlich hoch gehalten wird, um den Jägern längerfristig eine ausreichende Beute zu sichern, mußten häufig auch Äcker und Wiesen als zusätzliche Futterquellen für das Wild herhalten.«
Im Zeitalter des Absolutismus hatte sich die Jagd weit vom ursprünglichen Zweck des Beutemachens entfernt und war als Teil von Politik und fürstlicher Repräsentation zum aristokratischen Vergnügen geworden, das ausgesuchten Regeln unterlag.

Mit schnurgera-
den Schneisen
erschließt das
kurfürstliche
Alleensystem
den Wald zum
großen Park.

Neben fürstlichem Glanz und gesellschaftlicher Konvention wird man Kurfürst Clemens August auf jeden Fall auch eine starke Jagdleidenschaft zubilligen müssen, die schon in früher Jugend zum Ausdruck kam. Während er sich über seine Bauleidenschaft fast nie schriftlich äußerte, schilderte er seine Jagderlebnisse um so begeisterter, so in einem Brief vom 27. Dezember 1734: »Heute habe ich eine unbeschreibliche Freud auf der Jagd unweit Bonn, alleweil an alten Ort, on dem ohne das was bestält war, ein Haupt Schwein gefangen, welihe schier 4 Cent gewogen. Die Wäze [Wetzer, Waffen] und Fueß schicke hirbey. Zwey neue Hunt waren darbey und 4 von meinen alten; einer ist todt und 4 geschlagen«. Und in einem Brief vom 21. Oktober 1734 lesen wir: »... wie gestern den Hirsch gefangen, hab ich's auf wenigist noch nie gesehen; ingleichen auch glaube wenich Piqueure. Er hatte 12 auf dem Kopf und dauerte anderthalb Stund mit den ersteren Hunten und Pferdten. Nachdem hielte selber for denen Hunten in den Diketen wohl eine gute halbe Stund, bis man zu kunte, den Fang zu geben, welischen er aber nicht erwartete, sondern fill gählings von sich selber mans dott danieder und so, das das Verrecken und Umfallen eins war. Der kan recht genannt werden forcirt.«

Die ungewöhnliche Jagdleidenschaft des Kurfürsten hat einen wesentlichen, wenn nicht sogar den größten Teil seiner Hofhaltung und seiner künstlerischen Unternehmungen erfüllt. Gemessen an seiner Prunkliebe und der glanzvollen Selbstdarstellung war er als »Monsieur des cinq églises«, wie er in Anspielung auf seine fünf Bistümer Köln, Münster, Paderborn, Osnabrück und Hildesheim gern genannt wurde, ein Abbild seiner Zeit und somit Inbegriff des Rokoko. In seiner Politik war er andererseits dem Machtkalkül der europäischen Großmächte ausgeliefert, die seine Schwächen, nämlich die ausgeprägte Jagd- und die Bauleidenschaft, durch Geldzahlungen geschickt für sich auszunutzen verstanden.

Französische und Teutsche Jagd

Am Hofe Clemens Augusts sind die eigentliche Forst- und Jagdverwaltung, die Parforcejagd und die Falknerei (Beizjagd) zu unterscheiden. Sie sind die Hauptzweige der barocken Jagd, die von etwa 1620 bis 1800 anzusetzen ist. Von der Parforcejagd ist noch einmal die sogenannte Teutsche Jagd zu unterscheiden.

Seit mehr als 100 Jahren ist im Kottenforst das Damwild heimisch.

Die Parforcejagd hat ihre Ursprünge im Orient und wurde vor allem im Frankreich Ludwigs XIV. hochgeschätzt und im 18. Jahrhundert zum Vorbild für die Höfe in Deutschland. Sie bezeichnet die Jagd zu Pferde hinter einer laut jagenden Hundemeute und gilt jeweils einem einzelnen Stück Wild, vornehmlich dem Hirsch, aber auch dem Wildschwein. Sie erforderte einen hohen Aufwand an Jägern, Jagdpersonal sowie Hunden und verlangte von den Jägern hohes reiterliches Geschick und Durchhaltevermögen.

Bei der Parforcejagd (»par force«, durch Gewalt) spürte ein Suchjäger (auch Besuchsknecht) mit dem Leithund am Riemen (Leine) den Hirsch auf. War dessen Standort bestätigt, wurden Jäger zu Pferde und zu Fuß und ebenfalls mit Hunden auf Schneisen und Zwangswechseln (Relais) postiert, die der Hirsch auf seiner Flucht passieren mußte. Der bestätigte Hirsch wurde daraufhin vom Oberpiqueur mit Hunden aus der Dickung gedrückt und dann mit einer Meute von bis zu 100 Hunden zu Stand gehetzt. Passierte der gehetzte Hirsch die Relais, nahmen die abgestellten Jäger mit ihren frischen Hunden die Verfolgung auf. Der Reiz der Jagd lag darin, den Hirsch weiter zu verfolgen, seine Fährte aufzunehmen, die verlorene Spur wiederzufinden und ihn letztendlich zu stellen. Dann wurde der Hirsch vom Kurfürsten selbst, dem Jagdherrn, oder einem Gast mit dem Hirschfänger abgefangen oder mit der Kugel gestreckt. Vor dem Geweih galten die Läufe des Hirsches als besondere Trophäe, die der Jagdherr nach Stand und Rang an die Jagdgäste verteilte.

Den Jagdsignalen kam bei der Parforcejagd eine große Bedeutung für die gegenseitige Verständigung der Beteiligten zu, beispielsweise der Fürstenruf, der geblasen wurde, wenn der Hirsch gestellt war, so daß der Jagdherr mit den Jagdgästen herbeieilen und die Jagd mit dem Abfangen beenden konnte. War das Stück gestreckt, folgte die »Fanfare la mort«. So wurde die herrscherliche Jagd zu einem Gesamtkunstwerk.

Streng geschieden von der Parforcejagd, der französischen Jagd, war die Teutsche Jagd. Hier-

bei handelte es sich um sogenannte eingestellte Jagden. Das Wild wurde in großen Stückzahlen, oft über mehrere Tage hinweg, mit Tüchern, Stoffbahnen und Lappen (daher noch heute der Ausdruck »jemandem durch die Lappen gehen«) sowie Netzen zusammengetrieben (eingestellt), so daß es an vorbereiteter Stelle, in einem sogenannten Lauf, vom Jagdherrn und den übrigen Teilnehmern an der Jagd erlegt werden konnte. Es waren reine Küchenjagden, die zwar der Versorgung mit Wildbret dienten, häufig jedoch den Charakter eines Massenschlachtens hatten. Die Parforcejagd, die heute in Deutschland ebenso verboten ist wie die Jagd im Gatter, sowie die

Lauschige Winkel für Wildtiere im Wald. Farndickichte und Strauchwerk säumen die Waldränder.

Teutsche Jagd sind nur aus ihrer Zeit zu verstehen. Die Jagdethik unserer Zeit verwirft sie, da sie mit unserem heutigen Begriff von Waidgerechtigkeit nichts zu tun haben.

An dieser Stelle ist auch die Falknerei, die Falkenjagd, zu erwähnen, die allerdings nicht im Kottenforst selbst ausgeübt wurde. Clemens August führte sie unmittelbar nach Antritt seines Amtes ein. Vom hohen Rang dieser fürstlichen Jagdart zeugt das Jagdschloß Falkenlust, in unmittelbarer Nähe zu Schloß Augustusburg in Brühl gelegen und mit diesem durch eine Allee verbunden. Die Beizjagd darf sicherlich als vornehmste Art der Jagd bezeichnet werden. Hier sah sich Clemens August in einer Tradition, die bis Kaiser Friedrich II. zurückreicht und seit dem Mittelalter als herrscherliche Jagd schlechthin galt. Die Abtragung der Falken zur Beize mit dem hohen Flug zählte zur Lieblingsjagdart des Kurfürsten. Die wohl berühmteste Darstellung Clemens Augusts zeigt ihn als Falkner in blau-silberner Tracht. Doch Clemens August – und dies zeigt einmal mehr seine wahre Passion – verschmähte auch die Niederwildjagd nicht, vor allem die Jagd auf den Rehbock in der Blattzeit.

Barocke Landschaft

Eng verbunden mit der großen Jagdleidenschaft des Erzbischofs und Kurfürsten sind auch die repräsentativen Bauten, die während seiner Regierungszeit entstanden. Für den Kottenforst ist in erster Linie Schloß Herzogsfreude zu nennen, dessen Ausmaße alles bisher Dagewesene sprengten. Den Nachfolgern im Amt blieb dieses Schloß ein ungeliebtes Kind. Sie unternahmen nur das Notwendigste für dessen Erhalt. Bereits am 7. Juni 1804 wurde es an den Bonner Dachdecker Peter Lander verkauft und in der Folgezeit bis auf die Grundmauern abgerissen.

Gerade der residenznahe Kottenforst eignete sich wegen seiner besonderen Topographie als Parforcejagdrevier. Der Ausbau der Alleen kommt 1756 zum Abschluß. Das Jagdschloß Herzogsfreude bildete den Mittelpunkt eines sechsteiligen Jagdsterns. Die Schnittachsen der Innenräume mit den Hauptschneisen des Wegesystems, den Bahnen und Alleen, waren genau berechnet. Herzogsfreude wurde zum Zentrum des Kottenforstes. Hier nahmen die Parforcejagden ihren Ausgang, hierher kehrte man am Ende eines Jagdtages zurück.

Die Vorbilder dieser systematischen sternförmigen Erschließung eines Waldes liefert das Italien der Renaissance. Besonders ausgeprägt in der Barockzeit in Frankreich, erschienen sie auch den deutschen Fürsten nachahmenswert. Auch hier bildete sich das Ideal des absolutistischen Staates in der Landschaft ab: Die auf das Schloß ausgerichteten Alleen gleichen den Strahlen der Sonne, die vom Sitz des Fürsten und Jagdherrn ausgehen. Die Natur wurde so auf den Regenten ausgerichtet und zum Abbild seiner Herrschaft und zentralistischen Machtausübung.

Bis zum Mittelalter dienten die schon von den Römern angelegten Wege zur weiteren Erschließung des Kottenforstes. Im Jahre 1551 ließ der Abt von Siegburg vier weitere befestigte Wege mit einer Breite von 15 Fuß anlegen. Waren schon damals die hohen Kosten für den Wegebau beklagt worden, so führte die planmäßige Erschließung des Kottenforstes unter

Clemens August den Kurstaat an die Grenzen der finanziellen Belastbarkeit. Im Jahre 1746 mußten sogar Frondienstpflichtige bei den Arbeiten helfen. Auch waren Entschädigungszahlungen an Privatwaldbesitzer zu leisten. Wegen der staunassen Böden des Kottenforstes mußten die Bahnen und Alleen über Flurniveau angelegt werden, wie heute noch im Wegesystem des Kottenforstes abzulesen ist.

Gleichzeitig bildete der Bau von Herzogsfreude den Schlußpunkt eines von Clemens August erdachten Bezugssystems. »Durch die gedachten und teilweise ausgeführten Verbindungen zwischen Herzogsfreude und Rösberg, Clemensruhe (Poppelsdorf) und Röttgen sowie der Bonner Residenz ordnete und gestaltete der Kurfürst die Landschaft in beeindruckender Weise.« Sein Wille hat die Kulturlandschaft des Kottenforstes und seiner Umgebung bis weit in die Ville nach Brühl geprägt.

Orden und Kreuze

Im Jahre 1740 weihte Clemens August die den Heiligen Hubertus und Venantius gewidmete Kapelle, die heute den Chorbereich der katholischen Pfarrkirche von Röttgen bildet. Hier fand vor der Parforcejagd eine Messe statt. Mit der Kapelle ist zudem der hochadelige Ritterorden »von der Gütigkeit« verbunden, den der Kurfürst im Jahr 1751 am Tag seines Namenspatrons Clemens stiftete, »da mich Gott der Allmächtige von zarter Jugend auf den Jagden, wovon ich ein sonderlicher Liebhaber bin, vor Schaden bewahrt hat«. Die Stiftung geschah ausdrücklich zu Ehren der beiden Heiligen Hubertus und Venantius. Hubertus wird bis auf den heutigen Tag als Patron der Jäger verehrt, Venantius war der spezielle Patron der Parforcejagd, der Bewahrer vor gefährlichen Stürzen.

Die Insignie des Ordens war ein Ring mit dem Bildnis des hl. Hubertus, des Hirschwunders, und der Devise »Aussi Clement Qu'Auguste« (ebenso gütig wie hoheitsvoll), die in besonderer Weise den Anspruch des geistlichen Stifters verdeutlicht. Mitglieder des Ordens waren zwölf (hoch-)

adelige Persönlichkeiten. Die Aufnahme in den Orden geschah während einer persönlich von Clemens August zelebrierten Messe nach dem Credo und dem Hymnus Veni Creator Spiritus. Die vorgeschriebene Kleidung war die rotgoldene Hirschjagduniform des Kurfürsten. Vertreter des Kurfürsten waren die Patres des auf dem Kreuzberg ansässigen Serviten-Ordens. Die Ordensbrüder waren zu täglichen Gebetsleistungen verpflichtet. Beim Tode eines Ordensbruders hatte jeder der übrigen Confratres fünf Messen lesen zu lassen. Der Ring mußte ständig, mit Ausnahme der Jagd, getragen werden. Für den Fall des Nichttragens wurde eine Geldbuße festgelegt, die an das Kreuzbergkloster zu zahlen war.

In der Stiftung dieses Ordens offenbart sich die andere Seite des prunk- und jagdliebenden Kurfürsten, nämlich seine tiefe Frömmigkeit, die ihm bei aller Ambivalenz seiner Persönlichkeit auch seine Zeitgenossen attestierten. Diese Frömmigkeit fand ihren Niederschlag auch in zahlreichen steinernen Wegekreuzen im Kottenforst, die er oder Persönlichkeiten aus seiner Umgebung, meist in Verbindung mit der Jagd, stifteten, so das Beckerskreuz, das Hubertuskreuz, das wohl auf den Kurfürsten selbst zurückgehende Dickbaumskreuz oder das Veritaskreuz. Auch das Hauptkreuz auf dem Friesdorfer Friedhof stand bis zum 19. Jahrhundert im Kottenforst und wurde von hierher an seinen heutigen Standort gebracht. In den Jahren 1728/29 entstand das Forsthaus Venne und 1730/31 das Forsthaus Schönwaldhaus, das immer noch seinem ursprünglichen Zweck dient. Seit über 250 Jahren ist es auch Mittelpunkt des jagdlich-kulturellen Lebens. Ein besonderes Ereignis ist die alljährlich stattfindende Erntedankmesse im Hof des Forsthauses.

Teures Vergnügen

Die Jagdleidenschaft kamen dem Kurfürsten und dem Kurstaat teuer zu stehen. Allein im Jahre 1748 wurden für die Parforcejagd 2556 Taler aufgewendet, für die Falknerei 6666 Taler, während für die Teutsche Jagd nur 406 Taler ausgegeben wurden. Im Vergleich dazu kostete der

Bau von Schloß Herzogsfreude 80 000 Taler, der von Schloß Falkenlust 55 000 Taler. 1737 wurde mit dem Bau von Schloß Clemenswerth bei Sögel auf dem Hümling begonnen, 1750 entstand das Jagdhaus Entenfang, unweit von Schloß Augustusburg in Brühl.

Als Clemens August am 6. Februar 1761 starb, ging eine der glanzvollsten Epochen des Rheinlandes zu Ende. Bei seinen Untertanen war der Kurfürst wegen seines im Vergleich zu anderen Landesherren milden Regiments beliebt, gemäß dem Motto: Unterm Krummstab läßt sich's leben! Seinen Nachfolgern hinterließ der kunstsinnige Kurfürst einen Berg von Schulden. Daher mußten zunächst die zerrütteten Staatsfinanzen saniert werden. Vor allem die Jagd und die aufwendige Hofhaltung wurden stark eingeschränkt. Falknerei und Parforcejagd schaffte der Nachfolger Max Friedrich von Königsegg-Aulendorf (1761–1784) schon im ersten Jahr seiner Regierung ab. Wurden zu dieser Zeit noch Jagden im Kottenforst abgehalten, so hatte der letzte Kölner Kurfürst, Max Franz von Österreich (1784–1794), bereits ganz vom Geiste der Aufklärung beeinflußt, für die Jagd nichts mehr übrig.

Im Jahre 1794 floh der Erzbischof Max Franz vor den ins Rheinland einrückenden Franzosen auf rechtsrheinisches Gebiet. Zwei Tage später, am 5. Oktober, besetzten diese die Residenzstadt Bonn. Für den Kottenforst begann nunmehr ein tiefgreifender Wandel der Besitzrechte und der forstlichen Verwaltung. Am 14. Oktober 1794 wurde unter dem französischen Kommandanten General Marceau eine große Treibjagd im Kottenforst abgehalten, um der Bevölkerung zu zeigen, daß man mit alten Adelsprivilegien wie der herrschaftlichen Jagd aufräumte. Die gewaltige Jagdstrecke wurde im Triumphzug nach Bonn gebracht und das Wildbret an die Einwohner der Stadt verteilt. Der letzte Hirsch, der im Kottenforst erlegt wurde, war ein recht kümmerlicher Achtender.

Die neue Zeit im Kottenforst

Ab 1815, nach dem Übergang der Rheinlande an Preußen, wurde die Forstverwaltung auf eine neue Grundlage gestellt. Nach der Aufforstung der Flächen vor allem mit Nadelholz durch die preußische Forstverwaltung und der damit entstandenen Dickungen nahm der Schwarzwildbestand in der zweiten Hälfte des 19. Jahrhunderts sehr stark zu. Das führte zu Klagen der Bauern, auf deren angrenzenden Äckern und Wiesen die Wildschweine große Schäden anrichteten.

Seit über 100 Jahren ist im Kottenforst das Damwild heimisch, nachdem im Zuge der Romantik 1883 sieben Exemplare im südlichen Bereich des Kottenforstes ausgesetzt wurden. Die neue Wildart nahm hier eine erstaunlich gute Entwicklung. Die Gesamtstrecke im Staatsforst in den Jahren 1883 bis 1917 betrug 145 Hirsche und 358 Stück weibliches Wild. In der Zeit nach dem Ersten Weltkrieg wurde der Wildbestand des Kottenforstes wieder stark dezimiert. Nach dem Ende der Besatzungszeit wurde 1926 der Hegering Kottenforst gegründet, im Jahre 1960 der Damwildring Kottenforst, hauptsächlich mit dem Ziel, Wildschaden in Wald und Flur zu verringern und einen gesunden Damwildbestand zu schaffen. In ähnlicher Absicht erfolgte 1968 die Erarbeitung von Richtlinien für die Bejagung des Schwarzwildes; auch hier sprechen die Erfolge in Hege und Jagd für sich. Wald und Wild sind kein Widerspruch. Es gilt, die Wildbestände dem Wald anzupassen und auf das Prinzip der Nachhaltigkeit zu setzen. In diesem Sinne gehören die Freude an der Natur und die an der Jagd – im Einklang mit der Schöpfung – untrennbar zusammen.

Nachwuchs im Streifenlook: Frischlinge und Bache bei der Morgenpromenade.

KULTIVIERTE OBERFLÄCHE

Ein Waldgebiet als historische Kulturlandschaft

Der heutige Kottenforst zeigt historische Dimension. Er trägt nämlich die Spuren vergangener Gestaltungsphasen und ist mit seinen Elementen und Strukturen eines kurfürstlichen Jagdgebietes des 18. Jahrhunderts gleichzeitig Ausdruck einer barocken Idee. Heute dominiert seine Erholungsfunktion für den städtischen Ballungsraum, die durch die geplante Ausweisung als Naturschutzgebiet bzw. als Teil des Naturparks Kottenforst-Ville sichergestellt wurde. Die historische Wirksamkeit ist hier besonders gut erlebbar – er ist somit eine herausragende historische Kulturlandschaft im Rheinland und lädt zu einer Zeitreise ein.

Kurfürstliche Jagd: mit Tempo über lange, gerade Jagdschneisen durch das Revier.

Vom Jagd- zum Naturpark

Der Kottenforst als geschlossenes Waldgebiet konnte vermutlich nur deshalb erhalten bleiben, weil er herrschaftlicher Besitz war. Ohne die heutigen Naturschutzbehörden mit absolutistischen Herrschern vergleichen zu wollen, ähneln die Waldverordnungen des 18. Jahrhunderts konzeptionell den Auflagen in modernen Naturschutzgebieten des 20. Jahrhunderts. Eine Fürsorgeabsicht unter unterschiedlichen Zielsetzungen ist beiden zu unterstellen.

Seit dem Ende des 17. Jahrhunderts saßen die jagdliebenden Wittelsbacher auf dem kurfürstlich-erzbischöflichen Stuhl von Köln. Der Kottenforst war eines der Lieblingsreviere von Clemens August. So ließ er 1754 das leider nicht erhaltene Schloß Joie de duc (Jagdschloß Herzogsfreude) in Röttgen (einer alten Wald»rod«ung) errichten. Von hier aus wurden die bis heute erhaltenen Waldschneisen durch den Kottenforst zentriert. Der für barocke Schloßparkgestaltungen übliche geometrische Aufbau, wie ihn die Anlage um Schloß Augustusburg in Brühl zeigt, findet sich hier übertragen auf die Waldlandschaft wieder. Dem ist eine Idee oder auch Ideo-

Kulturlandschaft Wald. Viele Gewässer wurden erst in den vergangenen Jahrhunderten angelegt.

logie zugrunde gelegt. Kulturlandschaften können durchaus – und das trifft auch für den Kottenforst zu – das Ergebnis bestimmter geistiger und künstlerischer Vorstellungen sein, die sich schließlich in der absolutistischen Naturbeherrschung mit entsprechendem geometrischen Gestaltungswillen niederschlägt. Allerdings entsprach das Wegenetz nicht ausschließlich ästhetischem Empfinden, sondern war technisch notwendig für die Hetzjagd zu Pferd. Heute ermöglichen die geraden, unterdessen asphaltierten Wege dem Radfahrer oder Inlineskatern ein schnelles Vorankommen.

Der Kottenforst im 19. Jahrhundert

Das Ende als Jagdforst kam sehr abrupt. Mit der französischen Besetzung nach 1794 wurden neue, auf die französische Revolution von 1789 zurückgehende Rechtsgrundlagen eingeführt, die beispielsweise auch die alten Feudalrechte wie das Jagdrecht abschafften. Für die Zusammensetzung der Baumarten hatte die Umorientierung von der herrschaftlichen Jagd auf die neue Waldbewirtschaftung erhebliche Konsequenzen. Der bis dahin dominierende Laubholz-

Die gebietsfremde Fichte wurde erst nach der Franzosenzeit angepflanzt.

bestand wurde im Laufe des 19. Jahrhunderts in vielen Waldparzellen zunehmend durch Nadelgehölze ersetzt. Der Bedarf nach schnell und geradstämmig wachsenden Baumbeständen stieg im Zuge der Industrialisierung und der Nachfrage nach Grubenholz für den expandierenden Kohlenbergbau an. Jede Zeit bevorzugt bestimmte Baumarten. So wurden nach den großen Bestandsverlusten des Zweiten Weltkrieges 1947–1949 ausgedehnte Pappelbestände angelegt, die heute wiederum anders bewertet werden. Kennzeichnend für das 19. Jahrhundert ist somit die Umwandlung der Baumartenzusammensetzung der Forsten, aber auch die Zunahme der Waldbedeckung insgesamt. Bereits im Jahrzehnt zwischen 1829 bis 1839 konnte die Gesamtfläche von 3432 Hektar auf 3447 Hektar vergrößert werden.

Kulturlandschaftswandel im Kartenbild

Kulturlandschaftswandelkarten führen Informationen aus dem Kartenvergleich von Landesaufnahmen des 19. Jahrhunderts mit neuen topographischen Karten in einem Kartenbild zusammen. Hierdurch lassen sich historische

Flächen erfassen, darstellen und beschreiben. Somit kann man Entwicklung, Fortleben und Wandel markieren und für die letzten 190 Jahre datieren. Allerdings ist ein kritischer Umgang mit den Karten erforderlich. Als Beispiel seien Unterschiede zwischen der französischen Tranchotkarte von 1810 und der preußischen Uraufnahme von 1846 bezüglich des Wegenetzes erwähnt. In ihrer Zusammenfassung stellt die Wandelkarte die geschichtliche Dimension der Landschaft dar, wobei die verschiedenen Kulturlandschaftselemente nach ihrer Entstehungszeit auf der Grundlage der aktuellen Topographischen Karte 1 : 25 000 für die einzelnen Zeitschnitte unterschiedlich farbig markiert werden. Wenn ein Weg auf der Wandelkarte grün eingetragen ist, war er bereits 1810 (Tranchotkarte) kartiert und muß somit vorher entstanden sein. Braun sind die Neuerungen der Preußischen Uraufnahme (1846) gekennzeichnet. In roter Farbe wiedergegeben sind Neueintragungen von 1895 (Preußische Neuaufnahme), die demnach zwischen 1846 und 1893 entstanden sein müssen. In den Orten ist der historische Ortskern grün, die Neubauflächen dagegen gelb, weil sie nach 1950 entstanden sind. Dies gilt auch für Neuanpflanzungen von Nadelgehölzen, die braun (zwischen 1810 und 1846), rot (zwischen 1846 und 1893), orange (zwischen 1893 und 1950) und gelb (nach 1950) dargestellt sind.

Wandel der Kulturlandschaft seit 1810

Um 1810 ist der Kottenforst auf der Tranchotkarte trotz seiner Verwüstungen als geschlossener Wald ohne Bezeichnung der Baumarten dargestellt. Das Alleen- und Schneisensystem mit Röttgen als Mittelpunkt ist deutlich erkennbar, das Schloß als »Maison de chasse ruiné« eingetragen. Weiterhin sind vier Kreuze (Jakobs Kreutz, Venlos Kreutz, Jager Kreutz und Duke Baums Kreutz), das Forsthaus Venne (1729) als die Venne und das Forsthaus Schönwald (1730) vermerkt. An der Merler Bahn ist zwischen Röttgen und Merl ein Haus am Thiertgen eingetragen – es ist das bekannte Jägerhäuschen. Beim

Forsthaus Venne befand sich ein größeres Grünlandgebiet (Weiden oder Wiesen). Nordwestlich von Villiprott lagen ebenfalls kleinere Grünlandflächen. So ist die barocke Struktur des ehemaligen kurfürstlichen Jagdwaldes hervorragend erkennbar.

An den Kottenforst grenzen die Ackerfluren der umliegenden Dörfer. Am Ostrand des Waldes befanden sich zwischen Friesdorf und Muffendorf Weinbauflächen. Die Dörfer Witterschlick, Ückesdorf, Friesdorf, Godesberg, Pech, Villip, Villiprott, Merl und Lüftelberg legen sich mit ihren jeweiligen Ackerfluren wie ein Kranz um den Wald. Röttgen befindet sich mit seiner Ackerflur inselartig im Wald. Die Godesburg (13. Jahrhundert), das barocke Wasserschloß Gudenau und das 1802 säkularisierte Prämon-

stratenserinnenkloster (seitdem Gutshof Marienforst) befinden sich ebenfalls wie vier Wassermühlen am Godesberger Bach an der Südflanke.

Veränderungen zwischen 1810 und 1846

Die Veränderungen des Kottenforstes sind nach dem Vergleich der Tranchotkarte (1810) und der preußischen Uraufnahme (1846) relativ gering. Die meisten Veränderungen beziehen sich auf das Wegesystem. Auf der preußischen Uraufnahme sind bedeutend mehr Wege eingetragen. Dabei ist wohl davon auszugehen, daß ein Teil dieser Wege, die auf der Wandelkarte in braun eingetragen sind, bereits zur französischen Zeit vorhanden, aber nicht eingetragen waren.

Ferner werden auch die ersten Auswirkungen der neuen preußischen Forstpolitik nach 1815

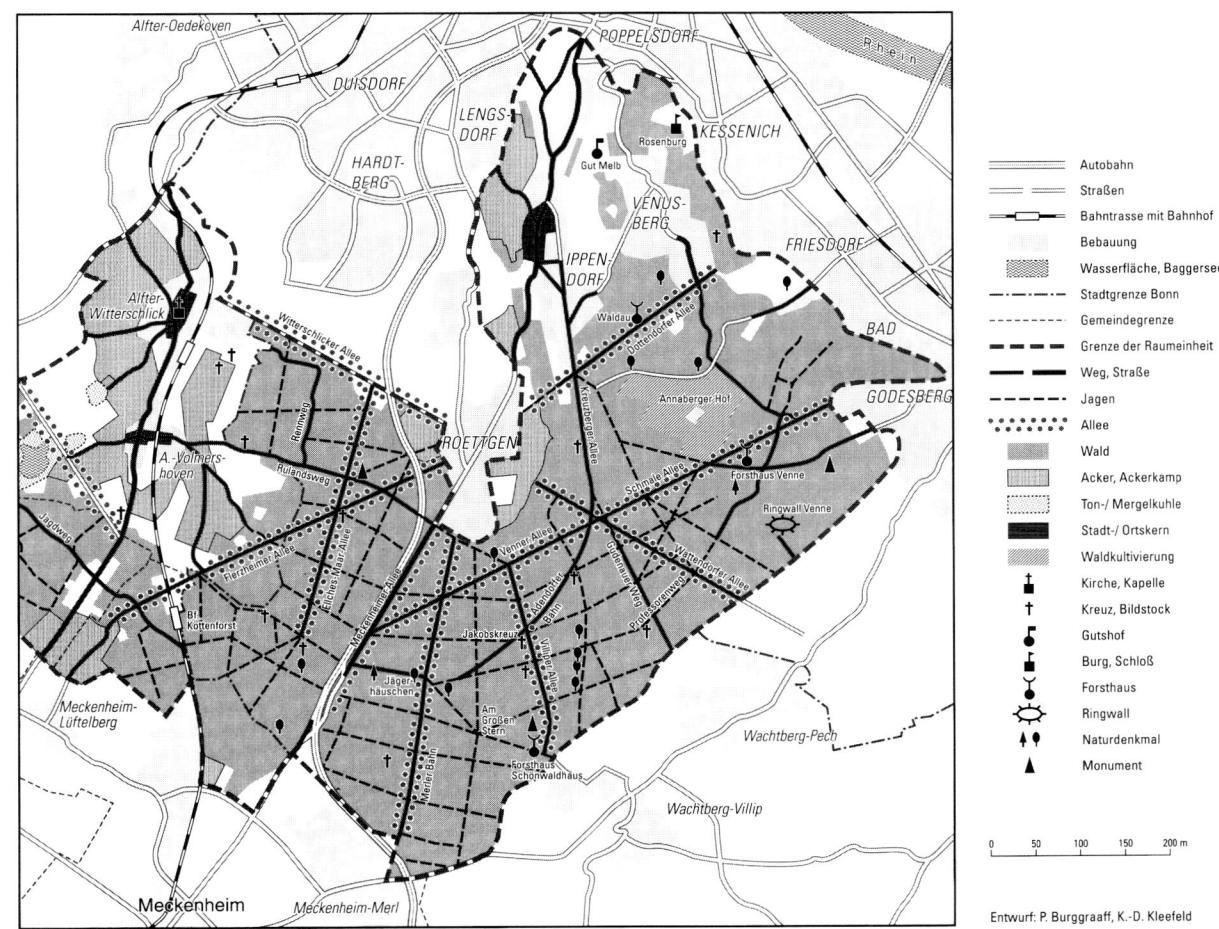

Auf der Reliktkarte des Kottenforstes ist gut zu erkennen, daß der Wald eine erstaunliche Denkmaldichte vom Wegekreuz bis zum Gutshof bewahrt.

Kulturlandschaft im Wandel: Verschiedene Farben zeigen die Flächenveränderungen zu unterschiedlichen Zeitschnitten der beiden letzten Jahrhunderte. Grün: bereits 1810 auf der Tranchotkarte kartiert; Braun: Neuerungen der Preußischen Uraufnahme (1846); Rot: Neueintragungen der Preußischen Neuaufnahme (1895); Orange: zwischen 1893 und 1950 eingetretene Veränderungen; Gelb: nach 1950 entstanden.

Kulturlandschaft im und am Wald: Auch der idyllische Waldweiher oder der Stufenrain mit Schlehenhecke am südlichen Kottenforstrand sind gestaltete Zutaten.

sichtbar. Die ordnungsliebende Forstverwaltung begann nämlich damit, den Wald in Jagen (Reviere) einzuteilen. Die Karte unterscheidet nun erstmals zwischen Laub- und Nadelgehölzen. Erste größere Aufforstungen mit Nadelgehölzen (braun) befinden sich südwestlich des Forsthauses Venne, ferner östlich von Röttgen und südlich von Friesdorf.

Die Siedlungsstruktur hat sich kaum verändert. Am Standort des Schlosses Herzogsfreude in Röttgen ist eine Windmühle errichtet worden. Die ehemalige Landnutzung mit Acker- und Weinbau zwischen Friesdorf und Muffendorf besteht vorerst weiter. Hinzugekommen ist der Bergbau in kleineren Tongruben bei Lüftelberg, Witterschlick und Friesdorf.

Die Zeit zwischen 1846 und 1893

In diesem Zeitraum haben die Veränderungen im Kottenforst und seiner Umgebung deutlich an Dynamik gewonnen. Sie sind erstmals auf der preußischen Neuaufnahme von 1893 enthalten und damit auf der Wandelkarte rot dargestellt. Im königlich-preußischen Kottenforst wurden weitere geradlinige Wege bzw. Schneisen angelegt und als Waldreviere durchnumeriert, unter Berücksichtigung der geradlinigen Waldwege als Reviergrenzen. Für die Forstbewirtschaftung waren die drei Forsthäuser Röttgen, Venne und Schönwaldhaus zuständig. Außerhalb des Kottenforstes entstand zwischen Merl und Lüftelberg das Forsthaus Lüftelberg. Das Waldbild veränderte sich durch die Zunahme der Nadelgehölze. Weitere Umwandlungen stellen die ausgedehnten Acker- und Grünlandkultivierungen östlich von Röttgen und des Ackerkomplexes der Meierei Annaberg dar. Die Weinbauflächen von Friesdorf und Godesberg sind zum Teil in Obstgärten umgewandelt worden. Der Weinbau konzentrierte sich nur noch in Muffendorf.

Der Tonabbau breitete sich bei Witterschlick und Heidgen, Friesdorf sowie zwischen Lüftelberg und Meckenheim aus. In Witterschlick und Friesdorf errichtete man für die Tonverarbeitung Ziegeleien. Die Ziegelsteinproduktion expandierte seit der zweiten Hälfte des 19. Jahrhunderts, denn jetzt errichtete man Häuser und Höfe sowie öffentliche Gebäude anstelle von Fachwerk zunehmend in Ziegelbauweise. Südlich von Villip befindet sich jetzt ein großer Basaltsteinbruch. Hinzugekommen ist die Parkanlage zwischen Godesberg und Muffendorf.

An den Dorfrändern setzte eine meist linienförmige Siedlungserweiterung ein. Neben der Meierei Annaberg wurde an der Dottendorfer Allee das Wirtshaus Waldau errichtet. Südlich des Forsthauses Lüftelberg entstehen der Sängerhof und der Hambuchshof. Der letztgenannte Hof ist bei der Anlage des Meckenheimer

Feldfluren gehören ebenso zum Bild der Kottenforstlandschaft wie alte Obstbaumwiesen.

Gewerbegebietes in den 70er Jahren des 19. Jahrhunderts abgerissen worden, während der Sängerhof als Gartencenter fortbesteht.

Dynamik zwischen 1893 und 1950

Im Kottenforst beziehen sich die Landschaftsveränderungen auf die Anlage von Wanderwegen und eine weitere, vor allem flächige Zunahme des Nadelbaumbestandes. Südlich von Villiprott befindet sich noch eine Schneise mit Nadelbäumen, die mit der noch vor dem Zweiten Weltkrieg geplanten, aber in diesem Bereich nicht mehr realisierten Autobahn zusammenhängt. Zwischen Villiprott und Pech wurde der Wald gerodet und in Acker- und Grünland umgewandelt. Die Landnutzung hat sich nun erheblich verändert. Nördlich von Meckenheim entstanden

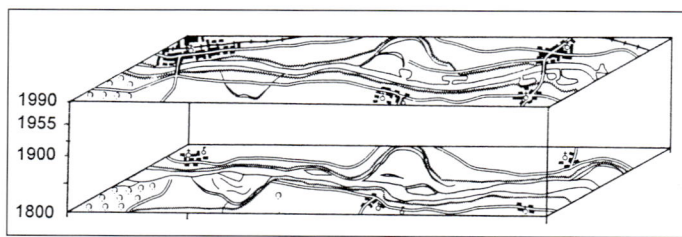

Geschichte in Schichten verdeutlicht die Landnutzung in verschiedenen Zeithorizonten.

große Obstbaumkulturen, während der Weinbau bei Muffendorf durch Siedlungserweiterung verschwunden ist. Südlich von Witterschlick erweiterten sich die Tonabbauflächen. Am südlichen Rand des Kottenforstes wurden die Ackerfluren durch die Flurbereinigungen des frühen 20. Jahrhunderts erheblich verändert. Ihre Merkmale sind die jetzt meist geradlinigen Flurwege, die Ackerparzellen rasterartig erschließen.

Die Siedlungsstruktur mit Neubauflächen und gewerblichen Ansiedlungen veränderte sich durch die zunehmend flächigen Siedlungserweiterungen der Dörfer. Vor allem in Bad Godes-

berg, Friesdorf und Muffendorf hat die Bebauung stark zugenommen. Zwischen Witterschlick und Ückesdorf entstand eine größere Schießanlage. Außerdem wurden bei den Dörfern die ersten Sportanlagen errichtet und in der Landschaft mit der Strom- und Wasserversorgung völlig neue Elemente wie Trafohäuschen, Stromleitungen und Wasserbehälter und ähnliche Einrichtungen installiert.

Rasante Entwicklung zwischen 1950 und 1995

In diesen Jahrzehnten sind im Gebiet die meisten Veränderungen zu verzeichnen, vor allem in Form einer erheblichen Siedlungserweiterung, die eng mit der Funktion von Bonn als Bundeshauptstadt und den Eingemeindungen von Bonn zusammenhängt. Die Expansion konzentriert sich in den am nördlichen und östlichen Rand des Kottenforstes gelegenen Dörfern. Der Kottenforst wird nun auch von Gewerbe- und Industriegebieten, mit öffentlichen Bauten und

Der gewachsene Dorfkern von Wachtberg-Pech ist mit der Kottenforstlandschaft verzahnt.

großen geschlossenen Neubaugebieten kranzförmig umgeben (gelbe Flächen). Muffendorf, Bad Godesberg-Zentrum und Friesdorf sind mit Bonn zusammengewachsen. Außerdem sind jetzt Lüftelberg und Merl mit Meckenheim vernetzt, beschleunigt durch die Eingemeindung nach Meckenheim und durch den Standortvorteil mit dem Anschluß an die in den 70er Jahren gebauten Bundesautobahnen A 61 und A 565 beschleunigt. Auch in Pech, Villip und Villiprott, seit der Gebietsreform von 1969 Bestandteil der neu gegründeten Flächengemeinde Wachtberg, nahm die Wohnbesiedlung stark zu. Östlich von Witterschlick wird weiterhin Ton abgebaut. Teile der abgebauten Flächen sind rekultiviert.

Der Kottenforst hat nun aufgrund dieser Siedlungserweiterung eine inselartige Lage bekommen. Sein Aussehen veränderte sich durch zunehmende Nadelbaumaufforstungen (gelb). Als Teil des Naturparks Kottenforst-Ville erhielt er eine große Bedeutung als Naherholungsgebiet. Dafür muß er den Anforderungen einer Wohlstandsgesellschaft gerecht werden – im Gegensatz zur herrschaftlichen Wohlstandsschicht des 18. Jahrhunderts. Wanderwege wurden angelegt sowie zahlreiche Parkplätze und Grill- oder Schutzhütten errichtet.

Spurensuche im Kottenforst

Mit dem Wissen um die oben geschilderten Hintergründe und Entwicklungen bietet ein Spaziergang durch den Kottenforst hervorragende Möglichkeiten einer Spurensuche bzw. Zeitreise in die kurfürstliche Geschichte. In der Reliktkarte sind einige ausgewählte Spuren eingetragen. Ein Blick auf die Wanderkarte oder die Beschilderungen an den Zugängen des Kottenforstes von den Wanderparkplätzen bereiten auf die erlebbaren Objekte und Flächen aus historischer Zeit vor. In vergleichbarer Dichte und Erlebbarkeit gibt es für das 18. Jahrhundert im gesamten übrigen Rheinland nur wenige Beispiele.

Innerhalb der kultivierten Oberfläche des Kottenforstes und seiner unmittelbaren Umgebung führen die unterschiedlichen Nutzungen zu

Aus wilhelminischer Zeit stammen Gedenkbäume und die Erinnerungstafel am Jägerhäuschen.

abgegrenzten Nutzungsbereichen der Land- und Forstwirtschaft, des Bergbaus sowie des Gewerbes. Sie haben sich auch an den Schutzauflagen bestehender oder noch auszuweisender Naturschutzgebiete zu orientieren. Den Kottenforst als erhaltene historische Landschaft mit einzelnen Zeitmarken und zugleich als attraktive Naherholungslandschaft des Großraumes Bonn kennzeichnen damit sehr unterschiedliche Aufgabenfelder.

*Augenweide:
Wiese am Wald-
rand zwischen
pastell und pla-
kativ.*

Ein Streifzug durch die Ville

Während das herzförmig umrissene Waldgebiet des Kottenforstes nach Süden in die offene Vulkankuppen des Drachenfelser Ländchens und der Gemeinde Grafschaft im benachbarten Rheinland-Pfalz angrenzt, wo vor allem Sonderkulturen wie Obstspaliere das Bild der Fluren prägen, setzt er sich an seiner Nordwestecke über einen schmalen Waldriegel zwischen Lüftelberg und Vollmershoven in die wieder wesentlich ausgedehnteren Waldflächen der Ville fort.

Naturräumlich und kulturlandschaftsgeschichtlich gehören Kottenforst und Ville eng zusammen – die Bezeichnung des zugehörigen Naturparks ist daher nicht nur eine von den Verwaltungsgrenzen gesetzte Klammer. Zumindest die südliche Ville, die man auch Waldville nennt, ist gleichermaßen in das kurfürstliche Raumerschließungs- und Wegesystem des Kottenforstgebietes einbezogen: Die von Röttgen nach Nordwesten ausstrahlende Witterschlicker Allee setzt sich jenseits des Ortes noch etwa 6 Kilometer als Breite Allee fort, quert schnurgerade das ehemalige Sumpfgebiet des Großen Zents und reicht bis an die Dützhöfe bei Heimerzheim. Die beim Großen Zent nach Südwesten abzweigende Schmale Allee ist ebenfalls eine alte Jagdbahn des 18. Jahrhunderts. Etwas winklig versetzt trifft sie beim Bahnhof Kottenforst auf die punktgenau 4,5 km lange Flerzheimer Allee, über die man wiederum das geometrische Zentrum des gesamten Wegeplanes, den ehemaligen Standort des Jagdschlosses Herzogsfreude in Röttgen, erreicht. Auch der Villewald weist beispielsweise mit dem Katharinenkreuz oder dem Grandrathkreuz bei Dünstekoven eine größere Anzahl bemerkenswerter Kleindenkmäler auf. Der Wald selbst steuert mit der mächtigen Kessenichsbuche oder den Fünf-Buchen-brüdern bei Buschhoven imposante Baumge-

Villenhover Maar ist ein Restsee, der als Naturschutzgebiet ausgewiesen ist.

stalten bei, die als Naturdenkmäler eingetragen sind. Um den Gedenkstein Siebenschuß östlich des ehemaligen Klosterguts Capellen ranken sich ebenso verschmitzte lokale Histörchen wie um den nahen Eisernen Mann, der zwar längst als metallene Grenzmarke des frühen 17. Jahrhunderts entzaubert ist, nach einem örtlichen Orakel jedoch allen jungen Damen, die ihn zu Pfingsten und zudem nächtens küssen, binnen Jahresfrist einen Mann in Aussicht stellt.

Zweierlei Gesichter

Landschaftlich präsentieren sich die beiden Flanken des Ville-Höhenrückens völlig unterschiedlich. Der rheinseitige Villehang, der mit knapp 100 Meter Sprunghöhe in die weiten Terrassenebenen des südlichen Niederrheins übergeht und deutlich dramatisierend als Vorgebirge bezeichnet wird, ist gleichsam der Gemüsegarten des Rheinlandes. Zwischen Bonn und Brühl überzieht ihn ein geschlossenes Siedlungsband, eine lange Kette von Dörfern mit endlosen Ackerparzellen auf den Hoch- und Hangflächen, die den Villewald abschnittweise bis fast auf seine Westflanke zurückgedrängt haben. Hier, entlang des windungsreichen Swistbaches, reihen sich die einzelnen Dörfer, fast jedes mit einer eigenen Wasserburg, viel lockerer aneinander. Auch in diesem Teilbereich enden viele Dorfnamen auf -heim oder -hoven und dokumentieren damit ihre fränkische Vergangenheit als Ortsgründungen der zweiten großen Waldrodungsperiode. Da die dörflichen Siedlungen entlang der Westseite viel weniger dominant in Erscheinung treten und der Höhenunterschied vom Villerücken zum ebenen Bördenland meist weniger als 40 Meter beträgt, betont tatsächlich nur der zusammenhängende dunkle Waldsaum das räumliche Bild der Ville – wahrnehmbar selbst bei der raschen Vorbeifahrt auf der A 61.

Erst nördlich der Linie Liblar – Walberberg ändert sich das Landschaftsbild buchstäblich grundlegend: Obwohl das reichlich vorhandene Grün es kaum ahnen läßt, ist das beliebte Wald-Seen-Gebiet der hier beginnenden Braunkohlenville sozusagen eine ganz moderne Kulturlandschaft, denn sie erhielt ihre wesentlichen Züge erst im Laufe des 20. Jahrhundert. Der tiefere Grund ist die jüngere Bergbaugeschichte der Region.

Schätze unter Schotter

Beim Absinken der Niederrheinischen Bucht vor etwa 30 Millionen Jahren drang von Norden her ein Vorläufer der Nordsee in das neu entstandene Tiefland ein. Der Küstensaum erreichte zeitweilig sogar das heutige Bonner Stadtgebiet, wurde jedoch anschließend wieder nach Norden verlagert, da sich die absinkende Bucht vom gleichzeitig aufsteigenden Schiefergebirge her ständig mit Abtragungsmaterial auffüllte und verflachte. In den küstennahen Niederungen entwickelten sich ausgedehnte Moore, stellenweise auch Feuchtwälder mit Sumpfzypressen und in Zeiten geringerer Versenkung des Gebietes phasenweise sogar trockenere Wälder mit Mammutbäumen und raschwüchsigen Laubgehölzen. Diese Pflanzenbestände waren außerordentlich produktiv, denn sie gediehen damals unter einem feuchtwarmen, beinahe tropischen Klima. Die über Jahrmillionen angesammelte Biomasse geriet in laufend neu entstehenden Sümpfen oder Seen immer wieder unter Luftabschluß, konnte daher nicht vollständig verrotten und wurde schließlich von neuen Sedimenteinschüttungen vollständig überdeckt. Unter der gewaltigen Auflast von Sanden, Kiesen, Schottern und Tonen wandelte sich das Holz dieser untergegangenen Wälder in der Tiefe der Bucht allmählich zu Braunkohle um und bildete so eines der größten Braunkohlenvorkommen der Erde mit Flözmächtigkeiten bis knapp 100 Meter. Neben fruchtbarem Löß und töpferfähigem Ton ist Braunkohle somit der mit Abstand wichtigste Bodenschatz der Ville.

Nördlich der Waldville, etwa beginnend mit der Linie Liblar – Walberberg, liegen die obersten und hier nur geringmächtigen Flözpartien ziemlich dicht unter dem Boden. Wühlende, suhlende Wildschweine sollen sie angeblich erstmals im Villewald bei Brühl freigelegt und somit die rhei-

Liblarer See: Der breite Röhrrichtgürtel ist ein wertvoller Lebensraum für Wasservögel.

Ober- Mittel- und Untersee bei Erftstadt-Liblar im ehemaligen Südrevier.

nische Braunkohle für die überraschten Bewohner der Region überhaupt entdeckt haben. Deshalb setzte gerade hier im 19. Jahrhundert auch die großflächige Braunkohlengewinnung ein, denn die nicht allzu tief lagernden bauwürdigen Flöze waren für die damalige Abbautechnik vergleichsweise leicht erreichbar.

Als man den Kohlevorkommen an den westlichen Villerand folgte und dabei zahlreiche Erkundungsbohrungen für künftige Tagebaue niederbrachte, entdeckte man, daß die Flöze in diesem Bereich erheblich tiefer lagern. Entlang seiner Westflanke ist der Ville-Rücken nämlich durch mehrere Verwerfungen in schmale Streifen zerlegt und treppenartig gegliedert worden: Parallel zum sogenannten Erftsprung, der scharfen Trennlinie zwischen dem Villerücken und dem westlich anschließenden Buchttiefland, haben Frechener, Horremer und Quadrather Sprung die ursprünglich ebenengleich zusammenhängenden Ville-Schichten um jeweils etwa 100 Meter gegeneinander versetzt. Hier lagern

folglich auch die mächtigen Braunkohleflöze entsprechend tiefer unter der Oberfläche. Zu gewinnen waren sie erst mit der erheblich fortgeschrittenen Abbautechnik nach dem Zweiten Weltkrieg – mit gigantischen Baggern und kilometerangen Bandstraßen, die die gewonnene Kohle direkt zu den Großkraftwerken transportieren. Unter der westlich an die Ville ansetzenden Erftscholle haben die Braunkohlenflöze während der letzten 12 Millionen Jahre sogar ihre größte Tiefenversetzung im gesamten rheinischen Revier erfahren: Sie lagern hier über 400 Meter tief unter Flur.

Abbau und Aufbau

Wenn man den schmalen Höhenzug zwischen Brühl und Erftstadt auf Flurwegen oder Straßen quert und als bunten Flickenteppich aus Seen oder Waldstücken erlebt, ist kaum vorstellbar, daß die Ville hier fast 100 Jahre lang ein nahezu lückenlos durchwühltes Bergbaugelände war, in dem buchstäblich kein Quadratmeter unverritzt

Die Uferbereiche sind empfindliche Biotopbereiche.

blieb, wie es die Montangeologen ausdrücken. Tagebaue, Abraumkippen, Brikettfabriken und zuletzt auch Braunkohlekraftwerke bestimmten in diesem Raum das Erscheinungsbild der Landschaft. Im März 1877 preßte man in der Fabrik Roddergrube am heutigen Heider Bergsee das erste rheinische Braunkohlenbrikett. Im Jahre 1884 wurde auf der Grube Brühl erstmals elektrischer Strom aus Braunkohle erzeugt. Bis 1964 ging in diesem Teil (Tagebau Ville) des Villerückens der Tagebau auf Braunkohle um. Ein letzter Kohlepfeiler wurde bis 1984 bei Kierberg abgebaut. Heute erinnern nur noch ein paar Flurnamen an Abbaufelder oder Fabriken.

Bergbau im Tagebaubetrieb fügt der Landschaft unvermeidbar tiefe Wunden zu und nimmt ihr – wenn er sehr großflächig betrieben wird – sogar ihr ursprüngliches Gesicht. Die Spuren solcher Untergrundtätigkeit zur Rohstoffgewinnung bleiben sichtbar, aber das Ergebnis nachbehandelnder Neugestaltung bietet fallweise dennoch einen überaus erfreulichen Anblick: Das ehemalige Bergbaugelände der Braunkohlenville ist vorbildlich rekultiviert und unterdessen sogar ein international beachtetes Schaustück geworden. Wenn ein Tagebau ausläuft, nachdem die Braunkohlenflöze abgebaut sind, verbleibt mit den Massendefiziten infolge Materialentnahme und durch Abraumverlagerungen ein gegenüber der Naturlandschaft völlig verändertes Relief. Kippen und Halden bilden jetzt eine neuartige

Kunstlandschaft mit Hügeln, Böschungen und Senken. Die nicht verfüllten Restlöcher der einzelnen Tagebaue überstauen sich von selbst durch Grundwassereinstrom und werden zu Weihern und Seen. Da die Landschaft an vielen Stellen gelöchert wurde, entstand schließlich eine vielgliedrige Seenplatte, die von allen Besuchern als anreichernder landschaftlicher Zugewinn empfunden werden, obwohl die Ville zumindest in den Jahrtausenden der Nacheiszeit solche Landschaftselemente überhaupt nicht aufgewiesen hat.

Im Kartenbild der heutigen Wald-Seen-Landschaft der Braunkohlenville fällt auf, daß die regellos eingestreuten Wasserflächen in nordwestlicher Richtung immer größer werden. Die Erklärung dafür liefert die Abbaugeschichte. Zu Beginn der Erschließung der Braunkohlenfelder bauten zahlreiche, aber durchweg nur kleinere Unternehmen die Braunkohlenvorräte ab. Die damaligen Tagebaue erreichten bei weitem nicht die Dimensionen heutiger Anlagen, sondern wuchsen erst schrittweise und allmählich mit der Nordwanderung des Bergbaus sowie entsprechend den zwischenzeitlich immer wieder erfolgten betrieblichen Zusammenlegungen. Nur auf diesem Hintergrund wird verständlich, daß beispielsweise der Liblarer See fast genau so groß ist wie Lucretiasee, Stiefelweiher, Silbersee, Forsthausweiher, Zwillingssee, Villenhofer Maar und Donatussee zusammen.

Wälder vom Reißbrett

Nun besteht eine ansprechende Landschaft gewiß nicht nur aus gefälligen Oberflächenformen, sondern auch aus einer angemessenen Kostümierung durch überkleidende Pflanzendecke. Schon ab 1920 begann man daher damit, die vom Tagebaubetrieb verlassenen Flächen durch gelenkte Gehölzbestockung zu begrünen. Da bis zu diesem Zeitpunkt kein nennenswertes Erfahrungsgut für die landschaftliche Wiedereinbindung von Bergbaufolgeflächen vorlag, mußte man im rheinischen Südrevier richtige Pionierarbeit leisten. Im Umkreis von Donatussee oder

des Villenhofer Maar kann man immer noch recht gut ein Bild davon gewinnen, wie sich im Laufe der Zeit Konzepte und konkrete Rekultivierungsmaßnahmen gewandelt haben. Anfangs begann man die Rekultivierung des Geländes fast immer mit Pappel-, Erlen- oder Robinien-Reinbeständen, die wegen ihrer bekannten Anspruchslosigkeit auf den Rohböden zunächst eine Art Vorwald bilden. Erst in einer späteren Phase sollten dann wertvollere Edellaubhölzer wie Buchen, Eichen, Linden oder Ahorn folgen. Heute wachsen im benannten Gebiet fast überall die Waldbäume der zweiten Generation heran.

Nachdem man jedoch zunehmend dazu überging, schon auf der Abbauseite der Tagebaue kulturfähige Bodensubstrate wie Löß oder Lößlehm gesondert zu gewinnen und später wieder auf die verkippten Flächen aufzutragen, änderte sich auch die Aufforstungstechnik: Jetzt konnte man die Wiederbegründung neuer Waldflächen auch gleich als Endbestockung mit Buchen oder Linden beginnen. Außerdem wurden nach ersten positiven Erfahrungen nicht mehr nur

Monokulturen, sondern artenreichere Mischungen gepflanzt, die auch einen hohen Anteil von Straucharten aufweisen. Einen der ersten Versuche in dieser Richtung hat man schon 1928 am Villenhofer Maar unternommen: Aus der damaligen Pflanzung ist unterdessen ein prächtiger Buchen-Eichen-Mischbestand mit Strauchummantelung hervorgegangen.

Ein Spaziergang im Südrevier zeigt zwar überall die vom Menschen gelenkte und gewollte Entwicklung, aber auch sehr viel Eigendynamik der sich selbst überlassenen Natur. So findet man entlang der Säume oder auf kleinen Freiflächen einen erstaunlich bunten Flor aus krautigen Wildpflanzen von den üblichen Wegelagerern wie Fingerkraut, Löwenzahn, Wegwarte oder Pfeilkresse bis hin zu heimischen Orchideen wie Geflecktes Knabenkraut oder Breitblättrige Stendelwurz. Zum Glück standen die jungen Rekultivierungsflächen des Südreviers noch in enger räumlicher Beziehung zu den nicht abgeräumten Lebensgemeinschaften der Waldville, so daß von hier eine ständige Spontanzuwanderung vieler Arten erfolgen konnte. Kurioserweise sind die

heutigen Artengefüge in der rekultivierten Braunkohlenville sogar deutlich umfangreicher als in der ursprünglichen Waldville.

Einen hohen ökologischen Wert weisen neben den neuen Waldflächen vor allem die zahlreichen Ville-Gewässer auf, einerseits ablesbar an den gut dokumentierten Brutvogelvorkommen, aber auch an den Vogelarten, die hier während der Zugzeiten rasten oder sogar überwintern. Von den knapp 170 in Nordrhein-Westfalen brütenden Vogelarten kommen über 100 als Brutarten im Rekultivierungsgebiet vor. Bekassine, Haubentaucher, Flußseeschwalbe, Eisvogel, verschiedene Rohrsänger und mehrere Enten-Arten gehören zum Bild der Seen, die mit ihren Steilufern und Flachwasserbereichen, mit Schwimmblattpflanzen, Uferröhrichten, Hochstaudenflu-

Bläßrallen gehören zu den häufigsten Bewohnern der Seen.

ren und Ufergebüschen aus Weiden und Erlen einen so natürlichen Eindruck bieten, als seien sie schon immer Bestandteil der Ville gewesen. Obwohl sie erst wenige Jahrzehnte alt und von ihrem Werdegang her typische kulturlandschaftliche Zutaten sind, gelten manche dieser Gewässer in ihrer Bedeutung für die Pflanzen- und Tierwelt als so wertvoll, daß man sie 1984 zu einem rund 50 Hektar großen Naturschutzgebiet Ville-Seen ausgewiesen hat. Dazu gehören Franziskussee, Karauschenweiher, Zwillingssee, Entenweiher, Villenhofer Maar und Teile des Berggeistsees.

Das abwechslungsreiche Wald-Seen-Gebiet in der Braunkohlenville zwischen Brühl und Liblar ist so weitläufig, daß man ohne Butterbrot und Getränkevorrat im Rucksack schon fast nicht mehr auskommt. Die bergbaulichen Eingriffe aus jüngerer Vergangenheit sind längst vernarbt. Noch zu Großvaters Zeiten zerwühlt, zerrissen, auf den Kopf gestellt und ausgekohlt, ist die Braunkohlenville als Bergbaufolgelandschaft zwar Natur aus zweiter Hand, aber dennoch ein überaus sehens- und erlebenswertes Wald-, Wasser- und Wanderland.

Pingsdorfer See im Waldseengebiet.

WAS DER BODEN BIRGT

Archäologisches von der Stein- bis zur Neuzeit

Ein großer zusammenhängender Waldbestand wie der Kottenforst wirkt auf den ersten Blick recht natürlich, ist aber tatsächlich in großen Teilen unter menschlicher Einwirkung entstanden und in den Resten zumindest stark von den Aktivitäten des Menschen beeinflußt. In unseren Breiten gibt es schon lange keinen »echten« Urwald mehr. Auch das Kottenforstgebiet unterlag seit seiner ersten urkundlichen Nennung im Jahr 973 vielfachen Eingriffen und Veränderungen, und diese Eingriffe bestimmen den archäologischen Fund- und Befundbestand. Im Vergleich zu anderen Bodennutzungsformen wie Landwirtschaft und Bauwesen ist der Erhalt von Relikten aus früheren Zeiten in den Wäldern meist weniger stark beeinträchtigt, wenngleich hier der Einsatz von Schwergeräten bei der Holzernte, bei Wiederaufforstung, Drainage, Wegebau, mit Verfüllungen, Windbruch und Kalkstreuung erhebliche Schäden anrichten kann. Ein über längere Zeit bestehender Wald birgt dennoch mehr Unentdecktes im Boden und erhält eher Sichtbares wie Hügelgräber, Befestigungsanlagen, Ackerfluren oder Wegführungen als eine ausgeräumte, offene Flur.

Wenn wir die Randgebiete des Kottenforstes in die Betrachtungen einbeziehen, sind bis heute etwa 300 archäologische Nachweise von Wachtberg im Süden bis nach Bornheim im Norden bekannt. Dabei überwiegen Nachweise aus römischer Zeit gegenüber der Vorgeschichte, dem Mittelalter und der Neuzeit.

Als bemerkenswerte Relikte aus der Steinzeit erscheinen weniger ein paar verstreut aufgefundene Steinbeile, die allenfalls Waldweidewirtschaft bezeugen, sowie der eine oder andere Steingeräte- und Keramikfund, der die frühe Anwesenheit des Menschen bekundet, sondern vor allem zwei für die Region sehr bezeichnende Siedlungs- und Rohstoffgewinnungsplätze. Das

Waldboden als Fundgrube – nicht immer sind Bodendenkmäler auch an der Oberfläche sichtbar.

Gebiet des Kottenforstes weist für den Ackerbau wenig geeignete, zur Staunässe neigende Böden auf, die in weiten Teilen pleistozänen Sanden und Kiesen oder lehmigen Tonen des Tertiärs aufliegen. Sie verhinderten eine intensive Bodennutzung seit der jüngeren Steinzeit (seit 5600 v. Chr.) und waren somit der Walderhaltung ausgesprochen förderlich.

Nutzung hinterläßt Bodenspuren, ablesbar am Bewuchs oder an Profilen.

Altsteinzeitliche Faustkeile des Neandertalers von Muffendorf (links). Jungsteinzeitliche Becher von Bornheim (rechts).

Spuren der Steinzeit

Am Südosthang des Godesberges Baches liegt gegenüber dem Gut Marienforst ein Oberflächenfundplatz der mittleren und jüngeren Altsteinzeit (Paläolithikum; vor 40 000 – 12 500 v. Chr.), also der Zeit des Neandertalers. Hier wurde im Mittelpaläolithikum Quarzit bzw. quarzitisch verkieselter Kalk zur Faustkeilherstellung verwendet, was in dieser Zeit im Rheinland sonst nur noch vom Fundplatz Ravensberg in der Wahner Heide bei Troisdorf belegt ist. Im Jungpaläolithikum bestand die Mehrzahl der Steingeräte hingegen aus dem in Muffendorf am Südostrand des Kottenforstes anstehenden Chalcedon, der nur hier gesichert über längere Zeit zur Herstellung von Steingeräten diente. Andere, zeitgleich genutzte Chalcedon-Gewinnungsstätten lagen weit entfernt erst im Lahn-Dill-Gebiet und im Hanauer Raum.

Ein heute noch ca. 140 Meter langer, teilweise zerstörter Wall riegelt einen nach Norden reichenden Bergsporn des Venusberges ab, der ein

Rekonstruktion einer jungsteinzeitlichen Befestigung auf dem Venusberg.

Areal von etwa 6 Hektar umfaßt. Grabungen in den Jahren 1986/87 ergaben, daß die Wallbefestigung ursprünglich 12 Meter breit war und aus einer Holz-Erde-Mauer bestand, der ein 15 Meter breiter und 2 Meter tiefer Graben vorgelegt war. Ferner stellte der Grabungsbefund einen alten Toreingang von 10 Meter Breite fest, durch den man ins Innere der Anlage gelangte. Verkohlte Hölzer erlauben, das Baudatum auf etwa 4080 v. Chr. zu datieren, womit wir in Bonn eine für das Rheinland einzigartige, sonst nirgendwo über Tag erhaltene Burganlage der jungsteinzeitlichen Michelsberger Kultur vor uns haben, die in West- und Süddeutschland zwischen 4400 – 3600 v. Chr. verbreitet war. Aus der Bonner Anlage ist bislang keine Innenbebauung, sondern nur ein »Steinmesser« bekanntgeworden. Strategisch gut gelegen, riegelte die Erdmauer samt Graben die Höhensiedlung nach Süden zum anschließenden Kottenforstplateau hin ab.

Hier seien außerdem zwei reich mit Rillen, Kerben und Wülsten verzierte Becher aus Gräbern von Bornheim erwähnt. Verzierungsarten und Formen weisen eine niederrheinische Verwandtschaft auf – die beiden Objekte gehören in die ausgehende Jungsteinzeit (2500 – 2000 v. Chr.).

Relikte aus der Römerzeit

Da die Bronze- und Eisenzeit aus dem Kottenforstgebiet kaum dokumentiert sind, stammen bemerkenswerte weitere Funde erst wieder aus römischer Zeit. Hervorzuheben sind eine Säule und ein Altar für Diana aus Weilerswist ebenso wie ein mehrere 1000 Münzen umfassender Schatzfund von Heimerzheim, der vermutlich zur

Licht auf das Dunkel der Vergangenheit: Die Bodendenkmalpflege bewahrt das Erbe aus Jahrtausenden.

Zeit des Einfalls der Franken nach der Mitte des 4. nachchristlichen Jahrhunderts verborgen und nicht mehr gehoben wurde.

Drei Lager wurden durch Luftbildprospektionen Anfang der 60er Jahre bei Bonn-Lengsdorf und Bonn-Duisdorf entdeckt. Mit Tordurchlässen im Norden und Süden sowie Spitzgraben von über 3 Meter Breite und bis 1,50 Meter Tiefe versehen, war eines der Lager 100 x 140 Meter (ca. 1,4 Hektar) groß. Möglicherweise handelt es sich dabei um ein Sammel- oder Marschlager des Jahres 88/89 n. Chr., als im Rheinland Aufstände gegen Kaiser Domitian ausbrachen und sich C. Antonius Saturninus in Mainz zum Kaiser ausrufen ließ. Er marschierte gegen Bonn, um die dortige Legion I Minervia zum Abfall zu bewegen. Der Aufstand wurde jedoch niedergeschlagen.

Sichtbar erhalten sind in Alfter, Duisdorf und Röttgen sieben weitere lang-rechteckige Wallanlagen ohne und mit Außengraben. Sie sind bis 105 Meter breit und 160 Meter lang und weisen

Scherben zur Schau gestellt – der Windwurfteller hob römische Ziegel aus dem Waldboden.

bis zu vier nach innen eingezogene Wallenden (claviculae) von bis 0,6 Meter Höhe auf. Diese Lager sind zwar bislang nicht näher untersucht worden, dienten aber möglicherweise – nur gut zwei Marschstunden entfernt – als Übungslager der in Bonna (Bonn) stationierten Legion I Minervia. Dies entspricht den zahlreichen Übungslagern, Grabensystemen und Grabenabschnitten, die eine gute halbe Marschstunde entfernt vom Legionslager Vetera bei Xanten entdeckt worden sind.

Die römische Wasserleitung, die aus der Eifel kommend das breite Bördenland um Rheinbach auf einem Aquädukt von maximal 1400 Meter Länge überquerte und den westlichen Kottenforst beim heutigen Buschhoven erreichte, wurde mit sanftem Gefälle über das Plateau bis zum Ville-Ostrand geführt. Mit 95,4 Kilometer Gesamtlänge versorgte sie die Provinzhauptstadt Niedergermaniens, die Colonia Claudia Ara Agrippinensium (Köln) mit frischem Quellwasser. Als eine der längsten Fernwasserleitungen des römischen Imperiums besaß sie eine Tagesleistung von rund 20000 Kubikmeter Wasser. Bautechnisch gehört sie zu den einfacheren Objekten, da sie weder aufwendige Tunnelbauten, Druckleitungsstrecken noch mehrstöckige Brückenbauwerke wie in den südlichen Ländern Europas besaß. Allerdings stellt sie vermessungstechnisch eine bewundernswerte Leistung dar. Mit ihrer gesamten Streckenführung wurde sie

Römische Wasserleitung in Buschhoven. Ein Teilstück aus Mechernich, das dem Straßenbau weichen mußte, ist in Rheinbach (Pützstraße) aufgestellt.

so eingerichtet, daß sie dem natürlichen Geländerelief mit ungefähr gleichbleibendem Gefälle folgen konnte.

Aufgrund des mittelalterlichen Steinraubes, besonders während des 11. bis 13. Jahrhunderts, ist die Wasserleitung auf weiten Teilen nur noch als Ausbruchgraben erhalten. Besonders begehrt war der darin dezimeterdick abgelagerte Kalksinter, weil man daraus marmorähnliche Säulen und Altarplatten herstellen konnte. Mauerteile sind heute in verschiedenen Gebäuden des nahegelegenen Gutes Kapellen bei Swisttal-Dünstekoven wiederzufinden. Wenige erhaltene Reste mit intaktem Leitungskörper kann man an fünf Stellen im Gebiet der Gemeinde Alfter

antreffen. Bei Buschhoven liegt die Wasserleitung außergewöhnlich tief in der Erde, da sie hier die höchste Stelle des Villerückens überwunden hat.

Vor und in der Neuzeit

Lassen wir die seltenen fränkischen Nachweise, so ein Frauengrab oberhalb von Bonn-Medinghoven oder ein Männergrab aus Bornheim, außer Acht, so ist als weiteres über Tag sichtbares Denkmal der im oberen Marienforster Tal gelegene Venner Ringwall zu nennen. Er weist einen 4 Meter hohen Wall und bis 6 Meter breiten Graben auf. Nicht näher untersucht und weder aus Schriftquellen noch als Flurname überliefert, könnte die Befestigung wie andere frühgeschichtliche Burgen auf Höhen beiderseits des Rheintals in das 12. Jahrhundert gehören. Im Innern der Anlage wurde die für diese Zeit charakteristische blaugraue Kugeltopfkeramik nebst Dachschiefer aufgelesen.

Sieht man von zwei Münzschatzfunden ab – der eine 1928 in Dottendorf entdeckt und aus 101 Silbermünzen des vierten Jahrzehnts des 17. Jahrhunderts (aus dem Dreißigjährigen Krieg) bestehend, der andere 1933 in Lengsdorf geborgen und 241 Münzen vor allem aus dem 18. Jahrhundert mit Schlußmünze von 1817 enthaltend – so ist für das Kottenforstgebiet vor

Im Kottenforst finden sich an mehreren Stellen sogenannte Wölbäcker – zeitlich schwer einzuordnende Ackerparzellen früherer Jahrhunderte.

Brücke zum Mittelalter: Der Wald hat auch den Venner Ringwall zurückerobert.

Der Eiserne Mann stammt aus der ersten Waldvermessung in kurfürstlicher Zeit.

allem noch der sogenannte »Eiserne Mann« zu nennen, der wie kein zweites Bodendenkmal des Gebietes die Legendenbildung anregte. Das in Swisttal-Dünstekoven gelegene Bodendenkmal steht heute an einem Stern von sechs Wegen südlich des »Großes Zent« genannten Sumpfgeländes. Die sagenumwobene, oft auch in Verbindung mit der nur 300 Meter weiter östlich verlaufenden römischen Eifelwasserleitung gesehene Eisensäule wird erstmals im Jahre 1625 als Grenzmarkierung zwischen Alfter und Heimerzheim erwähnt. Die archäologische Untersuchung (Sommer 1973) ergab, daß sie bei einer Länge von 2,18 Meter etwa 1 Meter in das Erdreich eingegraben ist und eine T-förmige Verankerung aufweist. Sie wurde als Stück in einem Sandbett gegossen. Den heutigen Standort erhielt die Säule etwa im Jahr 1727 als Vermarkung des kurfürstlichen Jagdschneisennetzes, das Kottenforst und Ville von der Parkachse des Brühler Schlosses Augustusburg mit Schloß Herzogsfreude in Bonn-Röttgen verband. Da die Wegführungen und Schneisen noch heute im Kottenforst vorhanden sind, schlägt der »Eiserne Mann« eine sichtbare zeitliche Brücke vom 18. Jahrhundert bis in unsere Zeit.

EIN WALD MIT WÜRDEN

Schloß Herzogsfreude als Bühne absolutistischer Macht

Im Herbst 1753 wird es unruhig in Röttgen. Baulärm durchzieht den Ort – es wird gehämmert und gesägt. Pferdefuhrwerke rumpeln über die holprigen Wege. Die kleine, aus einer alten Waldrodung entstandene Siedlung mitten im Kottenforst nahe der kurkölnischen Residenzstadt Bonn erlebt die Einrichtung einer riesigen Baustelle. Denn endlich, nach Jahrzehnten der Planung, wird mit dem Bau von Schloß Herzogsfreude im Herzen des Kottenforstes begonnen, das sich mit dem Hauptbau quer über den Verbindungsweg von Meckenheim nach Bonn legen wird. Hier, in einem der Lieblingsjagdreviere des Kölner Kurfürsten Clemens August (1700 – 1761), entsteht dessen letzter und zugleich größter Schloßbau.

In Schloß Herzogsfreude verbanden sich noch einmal die beiden großen Passionen des Wittelsbachers – Bauleidenschaft und Jagdlust. Die großzügig entworfene Anlage adelte gleichsam den Kottenforst.

Die Lust an der Jagd teilte der Kölner Erzbischof mit seinen Ahnen und adligen Zeitgenossen. Nachweislich übte jeder Wittelsbacher Herrscher mit Ausnahme Ludwig II. das Waidwerk aus. So wurde die Jagd zum Mittel fürstlicher Machtausübung und zum rein ständischen Vergnügen. Damit ist auch der Bau eines Jagdschlosses wie Herzogsfreude nicht nur Ausdruck eines fürstlichen Privatvergnügens, sondern Zeichen und Demonstration absoluter Macht. Natürlich ist auch der Standort des Schlosses inmitten des Kottenforstes bewußt gewählt und inszeniert worden. Schließlich spiegelten das Jagdschloß und das auf die dreiflügelige Anlage von Herzogsfreude ausgerichtete Jagdrevier die Bedeutung und den Rang seines Besitzers wider.

Ein Konzept gewinnt an Kontur

Auch wenn der Bau von Herzogsfreude erst 1753 begann, beschäftigten Clemens August die Ideen zu einem Schloß im Kottenforst schon

Idylle des Absolutismus: Beherrschung des Waldes durch eine geometrisch exakte Wegeorganisation. Das verträumte Jägerhäuschen an der Merler Bahn bei Villiprott diente der kurfürstlichen Jagd als Relaisstation.

knapp zwei Jahrzehnte zuvor. Bereits 1734 schickte er einen Bauplan an seinen kunstverständigen Bruder in München, den bayerischen Kurfürsten, zur Begutachtung. Doch zu dieser Zeit reichte das Geld nicht, um den Bau im Wald anzugehen, zumal ab 1736 das Jagdschloß Clemenswerth bei Sögel entstand und viel Geld verschlang.

Herzogsfreude mußte also vorerst warten. Allerdings tat sich in diesen Jahren schon einiges im Kottenforst. Der Wald eignete sich hervorragend als Revier für die Parforcejagd und sollte entsprechend ausgebaut werden. So wurde der Kottenforst schon 1727 zur Anlage des erhaltenen sternförmigen Schneisensystems erstmals

Der Alleecharakter der alten Jagdwege im Kottenforst wird durch vorbildliche forstliche Pflegemaßnahmen betont.

vermessen. Der Bau von Forsthäusern erschloß ihn zusätzlich. Schließlich entstanden Stationen wie das erhaltene Jägerhäuschen an der Merler Bahn, das den Wechsel von Pferden und Hunden sowie die Aufbewahrung von Jagdgerät ermöglichte. Im Jahre 1756 wurde der sternförmige Ausbau der großen Alleen, die in der Mitte des Dorfes bzw. von Herzogsfreude zusammentreffen, beendet. Die heute noch vorhandenen Hauptjagdschneisen – neben Dottendorfer Allee auch Wattendorfer Allee, Villiper Allee, Merler Bahn, Meckenheimer Allee, Flerzheimer Allee und Witterschlicker Allee – sind durch zahlreiche Querverbindungen miteinander verknüpft. Im Mittelpunkt eines solchen mehrstrahligen Jagdsterns liegt auch das knapp zwei Jahrzehnte vor Herzogsfreude entstandene Schloß Clemenswerth. Hier hat das System einen zusätzlichen Reiz, da seine acht Jagdschneisen durch je eine Pavillonanlage besonders akzentuiert werden.

Beherrschende Mitte

Der Bau von Schloß Herzogsfreude als Mittelpunkt des Kottenforstes war End- und Höhepunkt eines von Clemens August erdachten Bezugssystems seiner Schlösser, Straßen und Kanäle. Das Schloß lag in der Mitte des von den Hauptschneisen gebildeten Sechsecks. Entlang der Längsachse, das Vestibül und den Salon schneidend, verlief die Straße Bonn-Meckenheim (Meckenheimer Allee). Rechtwinklig zu dieser Achse entlang der Appartements führte eine große Schneise (Witterschlicker Bahn) zum Sitz des Oberjägermeisters nach Rösberg. Auch die anderen Schneisen liefen auf das Hauptgebäude des Schlosses zu. Von der Verbindungsstraße nach Bonn zweigt im rechten Winkel der kurze Anstieg zur Heiligen Stiege auf dem Bonner Kreuzberg ab.

Bereits Jahrzehnte vor dem Schloßbau wurden die Straßenverbindungen Bonn – Köln und Brühl – Köln geschaffen. Der Weg vom Sterntor in Bonn, vorbei an der Nordseite der Residenz, nach Poppelsdorf wurde 1750 – 1752 reguliert. Auch zwischen Clemensruhe in Poppelsdorf und

Augustusburg in Brühl sollte eine Verbindung entstehen. Diese Achse wurde allerdings nur in der unmittelbaren Nähe der Schlösser fertiggestellt. Durch diese gedachten und teilweise ausgeführten Verbindungen schuf Clemens August im modernen Sinne eine Infrastruktur. Für die fünf Jahrzehnte bis zum Abriß von Schloß Herzogsfreude verlieh er mit seinem barocken Gestaltungswillen auch dem Kottenforst eine besondere Würde, einen physischen und geistigen Mittelpunkt, der den Wald ordnete und durchdrang. Allerdings hat der Tod von Clemens August verhindert, daß Schloß Herzogsfreude seine Bestimmung wirklich erfüllen konnte. Geblieben sind davon neben der Gestaltung des Kottenforstes lediglich einige Gewölbe in Röttgener Kellern.

Ein weiteres Relikt bewahrt das Staatliche Forstamt Kottenforst in Bonn-Röttgen auf, eine Wetterfahne mit springendem Hirsch und der Jahreszahl 1756. Sie stammt wohl vom Brunnenpavillon aus dem Garten von Herzogsfreude.

Sonst erinnert auf dem Schloßplatz nur noch ein Bronzemodell an Herzogsfreude, das Friedemann Sander 1983 zur 550-Jahr-Feier von Röttgen geschaffen hat.

Fortschritt zu des Fürsten Freude

Zurück ins Röttgen des 18. Jahrhunderts. Für die Dorfbewohner beginnt mit der Errichtung von Joie-de-Duc (Herzogsfreude) eine aufregende Zeit. Zahlreiche Handwerker und Künstler kommen in das Dorf. Nicht wenige von ihnen nehmen bei den einheimischen Familien für die Bauphase Quartier. Vermutlich entstand damals auch direkt vor Ort eine Ziegelei zur Herstellung von Feldbrandsteinen aus heimischem Lehm. Alle anderen Materialien müssen mühsam aus Bonn und der Umgebung herangeschafft werden. Deshalb kümmert sich der Kurfürst auch um die Schaffung der entsprechenden Verkehrsinfrastruktur, die bis in die heutigen Tage genutzt wird. Er treibt den Ausbau des »Newen Weegs von Poppelsdorff nach Herzogsfreud« für knapp 15 000 Taler vor-

Schloß Clemensruhe in Bonn-Poppelsdorf war an das kurfürstliche Wegenetz durch den Kottenforst direkt angeschlossen.

Bronzemodell von Schloß Herzogsfreude am Schloßplatz in Bonn-Röttgen.

an. Eine Aufzeichnung aus dem Jahr 1759 besagt, daß »unser gnädigster Herr [Kurfürst Clemens August] statt des vorhero zum Fahren unpracticablen Weges von Bonn nach Poppelsdorff aus bis zu dero Schloß Herzogs-Freud einen ganz bequemen neuen mit Anerkaufung deren damit betroffenen Gründen und Waldungen, auch erwendung großer Summen Geldes aus eigenen Mitteln anlegen lassen«.

Die Bauarbeiten an Schloß Herzogsfreude scheinen Clemens August, der allein in Kurköln innerhalb von knapp vier Jahrzehnten unzählige Baukolonnen an acht großen und kleinen Schlössern arbeiten läßt, sehr am Herzen zu liegen. So sind in der ersten Hälfte des Jahres 1754 rund 1400 Werkleute mit der Bonner Residenz und Schloß Herzogsfreude beschäftigt. Der Fürst läßt es sich auch nicht nehmen, die Baustelle mitten im Kottenforst regelmäßig zu besuchen, um sich ein Bild vom Fortgang der Arbeiten zu machen.

Zwei Jahre später ist der Rohbau des Schlosses – zumindest für das Hauptgebäude (Corps de Logis) – offenbar weitgehend abgeschlossen. Er hat bis dahin ungefähr 60 000 Taler verschlungen. Trotz des notorischen Geldmangels gehen die Arbeiten zügig weiter. In der zweiten Hälfte der 50er Jahre nimmt auch die Außengestaltung der Fassade des Schlosses langsam Gestalt an. Sechs erhaltene Ansichten des Gebäudes geben uns eine Vorstellung vom Äußeren der prachtvollen Anlage. Sie zeigen zahlreiche Hirschköpfe, die auf die Funktion von Herzogsfreude als Jagdschloß hinweisen, und die die Fassade der Hofseite bekrönen. Die »Ausgaaben beym Schloß Hertzogsfreud« vermerken entsprechend auch Zahlungen an einen Bildhauer für die Anfertigung von Hirschköpfen. So zeigt sich Herzogsfreude auch von außen als großartige Anlage. Allein das Hauptgebäude mit 19 Fensterachsen mißt rund 70 Meter. Es hat drei Stockwerke. Von dem Mansardengeschoß mit 44 angegebenen Räumen gelangt man auf das Kupferdach mit einem Aussichtsbalkon. Von dort sollten die Damen des Hofes herangaloppierende Jagdgesellschaften beobachten. Eingerahmt wird der Corps de Logis durch zwei Seitenflügel. Sie umfangen den sich nach Bonn öffnenden Ehrenhof.

Glanzvolles Innenleben

Aber nicht nur die äußere Gestalt des Schlosses nimmt langsam Formen an. Allein fünf Schreinermeister sind 1757 mit der Innenausstattung des Hauses mit seinen annähernd 100 Räumen beschäftigt. Der Hofschreiner Bernhard Karth arbeitete geschnitzte Kaminaufsätze für die zahlreichen Feuerstellen. Wände erhalten Fresken oder Holzvertäfelungen, Türen Supraporten, d. h. mit Gemälden und Relief geschmückte Felder über den eigentlichen Durchlässen. In den Rechnungen für das Jahr 1757 werden große Mengen Kerzen für die Beleuchtung des Schlosses aufgelistet.

Wegen »gemachter fresco Mahlerey« erhält der Maler Johann Georg Winter zwei Jahre später etwas mehr als 100 Taler. Zudem liefert der Hof-

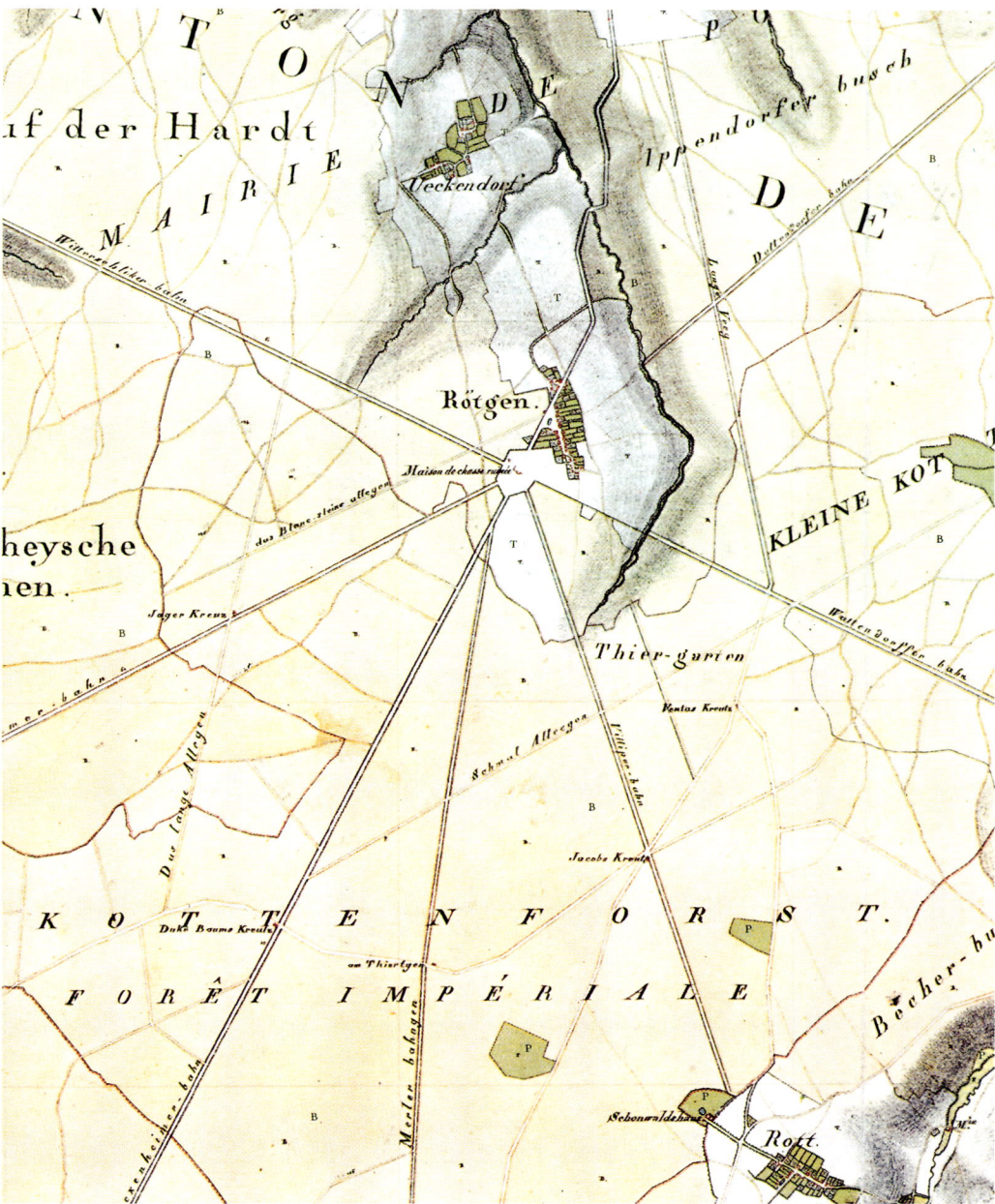

Die Kartenaufnahme des französischen Ingenieurgeographen Tranchot von 1810 verzeichnet Schloß Herzogsfreude inmitten des radialen Wegenetzes als »Maison de chasse ruinée«.

maler François Rousseau, der Schöpfer der »Bönnschen Ballstücke«, drei Gemälde nach Herzogsfreude. Die Namen der Künstler und die umfangreichen Materiallisten zeigen, daß auch beim Innenausbau des Schlosses weder an guten Namen noch Materialien gespart wird. So ist der Hofgärtner Lenné, ein Ahne des berühmten Landschaftsgärtners Peter Joseph Lenné, mit der Gestaltung der Außenanlagen beauftragt. Zu dieser Zeit wird vermutlich auch eine Skizze angefertigt, die Remisen, Ställe und Zwinger zeigt. Diese Gebäude sind im Plan auf einem Weg zwischen der Allee nach Bonn und der Witterschlicker Bahn eingezeichnet. Wahrscheinlich sind diese Stallungen und Zwinger nicht mehr ausgeführt worden. In den beiden erhaltenen Grundrissen von Schloß Herzogsfreude sind keine Unterbringungsmöglichkeiten für Pferde und Hunde vermerkt, die ja eigentlich zwingend zu einem Jagdschloß gehören. Einzig erhalten ist heute das – wie immer wieder behauptet wird – Wohnhaus des Hundemeisters, der den großen Zwinger betreut haben soll. Dieses als der frühere Gasthof Stupp bekannte Gebäude liegt am Ortsausgang von Röttgen an der Hauptstraße in Richtung Bonn. Ein schmiedeeisernes Oberlichtgitter mit Kurhut und den Initialen von Clemens August, das wohl vom Schloß stammt, ist an seinem Eingang sichtbar.

Die Arbeiten an Herzogsfreude finden dann am 17. Januar 1761 ein jähes Ende: Völlig überraschend stirbt Clemens August in Koblenz. Sein Nachfolger, Kurfürst Max Friedrich, vollendet das Bauwerk nicht, sondern läßt es regelrecht ausschlachten, um die repräsentativen Haupträume in Schloß Augustusburg fertigzustellen. Das Inventar, in dem nach dem Todes Clemens Augusts die Einrichtungsgegenstände aller Zimmer aufgelistet werden, ermöglicht eine genauere Vorstellung von der Ausstattung.

Aufriß und Raumwirkung

Herzogsfreude lag im Schnittpunkt von sechs sternförmig zusammenlaufenden Jagdschneisen, die im Salon zusammentrafen – eine bemerkenswerte Präzisionsarbeit, die der junge Architekt Johann Heinrich Roth leisten mußte. Da die Alleen schon vor dem Bau angelegt worden waren, mußte er das Anwesen exakt einmessen. So lag das Schloß »wie eine Spinne im Netz« – zutreffend charakterisiert von der Schriftstellerin Vilma Sturm.

Bis 1761 hat der Bau von Herzogsfreude ungefähr 130 000 Taler verschlungen. Darin sind die Ausgaben für Möbel, Porzellane, Silber, Wandbespannungen und die weitere Ausstattung nicht enthalten. Im Speisesaal sind venezianische Glasleuchter und »zwey große stehende Uhren mit Mohren« zu finden. 26 rote Plüschsessel stehen um einen Marmortisch. Ein Juchtenlederstuhl, vier Tische mit einer grünen Decke, zwei Spieltische und »fünff spey becken« gehören ebenfalls zur Einrichtung.

Zur Gartenseite liegt das sogenannte Staatsoder Paradeappartement, indem offizielle Gäste des Kurfürsten eine angemessene Unterkunft finden. In einem der Vorzimmer ist die Hauskapelle eingerichtet. Ihr Elfenbeinkruzifix befindet sich heute in der katholischen Pfarrkirche von Röttgen. Es folgt das Schlafzimmer mit dem kostbaren Prunkbett. Wertvoll ausgestattete Kommoden fehlen ebensowenig wie eine Andachtsecke mit einem Kniebänklein – schließlich ist der Schloßherr ein Erzbischof. Der letzte Raum dieser Zimmerfolge ist ein Musikkabinett, das die Rottöne der vorhergehenden Zimmer aufnimmt. »Ein laquirt gemahltes clavier mit zwey armb Leuchteren« lädt hier zum Musizieren ein.

Die wertvolle Innenausstattung verdeutlicht den hohen Stellenwert, den der Fürst seinem Jagdschloß im Kottenforst zumißt. Der spiegelt sich auch in der Liste der annähernd 500 Gemälde wider, die nach dem Tode von Clemens August für Schloß Röttgen erstellt wird. Es tauchen große Namen auf. Rembrandt ist allein mit sechs Bildern vertreten, Rubens mit zweien, Breughel, van Dyk, Veronese, Tizian und Raffael erscheinen mit mehreren Gemälden. Elsheimer, Holbein und Dürer werden genauso genannt wie Poussin. Bei dem Bild »Ein kopf mit einer casquet aufm haupt von Reinbrand« ist immer vermutet worden, daß es sich um den »Mann mit dem Goldhelm« (heute nicht mehr Rembrandt, sondern seinem Umfeld zugeschrieben) handelte.

Joie de Duc als Maison de Plaisance

Der Wunsch nach Angemessenheit drückte sich auch in der Wahl des Schloßtypus aus. Herzogsfreude war eine sogenannte »Maison de Plaisance«, die im ursprünglichen Wortsinn ein Lustschloß auf dem Lande bezeichnet. Dieser Typus, der sich schon im späten Mittelalter in Frankreich entwickelte, war vielfältig anwendbar. Er konnte sowohl den Anforderungen einer Residenz als auch dem Verlangen nach einem privaten Refugium genügen. Das Haus mußte dabei immer dem Rang seines Besitzers angemessen, gleichzeitig aber bequem und schön sein.

Die maßgebende architekturtheoretische Schrift über die Maison de Plaisance erschien erst im Jahr 1737. Jacques-François Blondel formulierte in seiner berühmten Abhandlung die wichtigsten Lehrsätze über Convenance, Commodité und Beauté. Unabdingbar ist die Anordnung des Vestibüls und des dahinterliegenden Salons in der Mittelachse des Hauptgebäudes.

Schloß Herzogsfreude entsprach genau diesen Anforderungen, schien gleichsam dem Musterbuch Blondels entsprungen: Johann Heinrich Roth, der junge Architekt der Anlage, lernte bei Blondel in Paris und setzte die Einflüsse seines Lehrmeisters in Grund- und Aufriß um. In beiden ist Schloß Röttgen vollkommen französisch gedacht und damit eine Besonderheit unter den Clemens-August-Schlössern.

Obwohl Roth Mitte der 50er Jahre mit der Wahl der Maison de Plaisance für Herzogsfreude künstlerisch einen »Rückgriff« vornimmt, wird der Entwurf vom Kurfürsten gebilligt. Da er bei seinen Schloßbauten ohnehin nie einen einheitlichen Architekturstil entwickelte, erscheint ihm die Rothsche Lösung wohl unproblematisch, zumal es dem jungen Baumeister gelingt, die Umsetzung der Maison konsequent, geschickt und formgerecht zu lösen. Schon die Ausdehnung von Schloß Herzogsfreude mit seinen großen Seitenflügeln macht deutlich, daß Clemens August dem Bau keinen intimen Charakter wie dem der Reiherjagd gewidmeten Schloß Falkenlust (ebenfalls eine Maison de Plaisance) bei Brühl verleihen wollte. Vielmehr wollte er eine größere Jagdgesellschaft und wenigstens einen Teil des Hofes in Herzogsfreude unterbringen können. Demnach sollten die Aufenthalte im Schloß auch von längerer Dauer sein. Zum Zeitpunkt der Entstehung von Schloß Röttgen befand sich Clemens August im sechsten Lebensjahrzehnt und wird wohl die unbequeme, weite Reise zum Jagdschloß Clemenswerth im Emsland zunehmend gescheut haben.

Auch wenn Schloß Herzogsfreude infolge des plötzlichen Todes seines Erbauers nie die Rolle gespielt hat, die Clemens August ihm zugedacht hatte, so ist die »Adelung«, die der Kurfürst dem Kottenforst mit diesem Zentrum einst gab, bis heute zu spüren. Selbst der Abriß der Schloßanlage nach 1804 und die Ausdehnung der Ortschaft Röttgen mit Überbauung der ehemals dem Schloß vorbehaltenen Flächen haben dem Wald diese fürstlich-barocke Inspiration nicht rauben können, die ihn unter allen anderen der Region auszeichnet.

KLÖSTER, BURGEN, HERRENSITZE

Der Adel im Umkreis des Kottenforstes

Mitten im Kottenforst gab es einmal ein Schloß, das jedem Märchenwald zur Ehre gereicht hätte. Doch die Pracht währte nur 50 Jahre. Dann (ab 1804) wurde das Jagdschloß Herzogsfreude des Kölner Kurfürsten Clemens August abgerissen und der Wald, bis heute spürbar, seiner Seele beraubt. Am Rande des Kottenforstes allerdings blieben zahlreiche prachtvolle und wehrhafte Bauten hoher Herren über die Jahrhunderte erhalten – allesamt steinerne Kalender der regionalen Geschichte. Allein auf dem Gebiet der heutigen Gemeinde Wachtberg am südlichen Rand des Kottenforstes befinden sich vier prächtige Burgen, darunter Burg Gudenau, eine der schönsten Wasserburgen des Rheinlandes.

Die Gudenau, deren Geschichte nachweisbar bis ins 13. Jahrhundert zurückgeht, liegt in einer Talaue zu Füßen von Wachtberg-Villip. Sie war über Jahrhunderte alleiniger Mittelpunkt und gleichsam das Verwaltungszentrum der Region. Im Jahre 1402 erwarb Graf Godart von Drachenfels die Anlage und begründete mit diesem Kauf das bis heute zumindest als Begriff bestehende »Drachenfelser Ländchen«. Durch die 1659 verliehene Reichsunmittelbarkeit wurde das Schloß mit Villip zu einer dem Kaiser direkt unterstellten Reichsherrschaft. Aus dem »Ländchen« wurde ein selbständiges Territorium vom Kottenforst bis zum Siebengebirge mit eigener Gerichtsbarkeit, die von den Herren der Gudenau ausgeübt wurde.

Im barock anmutenden Schloß mit den zwei Vorburgen wurden Anfang des 18. Jahrhunderts zum letzten Mal intensive Umbaumaßnahmen durchgeführt. Seitdem hat sie das Aussehen behalten, das ihr Max Heinrich Waldbott von Bassenheim zu Gudenau, Obristhofmarschall am Hof von Kurfürst Clemens August, geben ließ. Er wollte aus seiner zugigen Burg ein »bequemes« und bewohnbares Schloß machen. Burg Gude-

Der wuchtige Villiper Windmühlenturm gehört zu einem ehemaligen Hofgut der Wasserburg Gudenau.

nau ist bis heute bewohnt, befindet sich in Privathand und bietet mit ihrem Innenhof und einem gewaltigen »Konzertsaal« in der Vorburg ein ungewöhnliches Ambiente für örtliche Kulturveranstaltungen. Der gute Zustand des Wasserschlosses und des gepflegten Parks ist den heutigen Besitzern zu verdanken.

Wasserburg in Höhenlage

Gleiches gilt für die wesentlich kleinere Burg Odenhausen in Wachtberg-Berkum. Der heutige Eigentümer hält diese typisch rheinische Wasserburg, die allerdings eher untypisch auf einer Anhöhe liegt, tadellos in Ordnung. Ungefähr im

Venner Kirchweg: baumgesäumte Verbindung vom Kloster Marienfort zum Kottenforstplateau.

10. Jahrhundert aus einer noch sichtbaren Motte entstanden, entwickelte sich die Burg zu einer wohnlichen Renaissanceanlage mit beheizbarer Wohnburg und angeschlossenem Wirtschaftsbereich.

Nur wenige Kilometer weiter in Wachtberg-Adendorf liegt Schloß Adendorf. Die heutige Burganlage geht in ihrem Grundriß auf den ersten Bau von 1337 zurück. Umgeben von Wassergräben und einem Park mit altem Baumbestand wirkt das Schloß äußerst idyllisch. Ihr Aussehen erhielt die Anlage mit kompletter Vorburg und dem herrschaftlichen, viereckigen Herrenhaus durch einen Umbau ab 1655. Bis heute in Privatbesitz, war die Burg am Rande des Töpferortes Adendorf über Jahrhunderte durch die

Familie von der Leyen geprägt und wie die Gudenau Mittelpunkt eines eigenen Territoriums. Die von der Leyens stellten mehrere Kurfürsten von Mainz und Trier. Ihnen gehörte ab 1659 auch Burg Münchhausen, nur einen Kilometer westlich vom großen Schloß gelegen. Das Wohnhaus dieser Burg, die heute einen Reitstall beherbergt, stammt aus dem 18. Jahrhundert. Doch schon 893 wird die Burg »munichhausen« erwähnt, die ganz nebenbei auch ein schönes Beispiel für mittelalterliches Recycling ist: Die beiden mächtigen Türme der Anlage im Unterbau wurden aus römischem Gußmauerwerk gebaut, das die Handwerker damals aus den Überresten der unweit verlaufenden ehemaligen römischen Wasserleitung gebrochen hatten.

Die meisten dieser und der anderen adeligen Wohnsitze am Randes des Kottenforstes hatten Bauherren und Besitzer, die über Jahrhunderte hinweg zum Teil in höchsten Ämtern in landesherrlichen oder gar kaiserlichen Diensten standen. So sind ihre Burgen und Sitze auch immer Ausdruck ihres gesellschaftlichen Standes und ihrer politischen Macht. So zählten die Waldbott-Bassenheims, die Burg Gudenau zu einer kleinen »Residenz« ausbauten, zu den führenden Familien am Bonner Hof, die natürlich wie viele andere Familien neben der Burg im Bonner Umland auch einen repräsentativen Sitz in der Stadt unterhielten.

Ruinöses aus dem Mittelalter

Natürlich blieben auch die Landesherren selbst in den rauheren Zeiten des Mittelalters als Bauherren nicht untätig. Zwei Burgruinen, die zur Kulturlandschaft des Kottenforstes gehören, bezeugen die strategischen Absichten ihrer Erbauer ebenso wie die Heftigkeit kriegerischer Auseinandersetzungen in dieser Region. Die Godesburg, im heutigen Bonner Stadtteil Bad Godesberg gelegen, ist eine der nördlichsten Burganlagen des Rheinlandes. Über Jahrhunderte diente die vom Kölner Erzbischof Dietrich von Hengebach 1210 erbaute Festung dem Schutz des südlichen Kölner Kurfürstentums und der durch das Rheintal

Burg Gudenau gilt als die Perle unter den rheinischen Wasserburgen.

führenden Heer- und Handelsstraße. Sie war sichere Zuflucht und kurfürstliches Archiv, Staatsgefängnis und schließlich eine der vier kurfürstlichen Residenzorte. Oft weilte hier monatelang während des Sommers der Hofstaat. Im Jahre 1583 wurde im Kölnischen oder Truchseßschen Krieg als Folge der unglücklichen Verquickung von Politik, Religion und Liebe unter der Godesburg von bayerischen Truppen eine Mine gezündet und die Burg samt Besatzung in die Luft gesprengt. Erhalten blieb der 32 Meter hohe Bergfried als Wahrzeichen von und Ausblickspunkt über Godesberg.

Ebenso wie die Godesburg wurde die bei Rheinbach gelegene Tomburg auf einem hohen, die Landschaft beherrschenden Basaltkegel errichtet. Besiedelt war der Berg schon in römischer Zeit. Die erste Burganlage entstand wohl im Zusammenhang mit der nahe vorbeiführenden Heerstraße von Aachen zum Rhein und von dort weiter nach Frankfurt. Als Amtssitz der rheinischen Pfalzgrafen fungierte die Tomburg seit der zweiten Hälfte des 10. Jahrhunderts; um 1000 ist die Burg Sitz des Pfalzgrafen Ezzo und seiner Frau Mathilde, einer Schwester von Kaiser Otto III. Nach zahlreichen Besitzerwechseln eroberte schließlich der Herzog von Jülich die Tomburg 1473 und zerstörte sie völlig. Von der Ruine hat man einen herrlichen Blick über die Swistbucht bis zum Siebengebirge und zum Kölner Dom.

Klöster am Kottenforst

Von frommeren Zeiten am Kottenforst zeugen die vielen Kreuze, Kirchen und Klöster in den Dörfern am Saum des Waldes. Auch weiter entfernt liegende Klöster wie zum Beispiel die Abtei Siegburg haben immer wieder Einfluß auf die Geschichte des Waldes genommen. Wichtige Häuser am Kottenforst waren die Klöster Marienforst und Schillingskapellen. Im Tal des Godesberger Baches liegt der »conventus in kottenforst«, heute landwirtschaftlicher Betrieb und lange Zeit Botschaftsresidenz. Als Prämonstratenserinnenkloster 1228 gegründet, war Kloster

Das ehemalige Birgittenkloster Marienforst (ursprünglich Kloster Kottenforst) nimmt immer noch eine landschaftlich dominierende Lage im Godesberger Bachtal ein. In der Besitzgeschichte des Kottenforstes spielt es eine bedeutende Rolle.

Marienforst 1450–1802 Doppelkloster des strengen Birgittenordens. Von der alten Anlage sind heute noch die äußeren Klostermauern mit dem Tor, der Äbtissinnenbau und einige Wirtschaftsgebäude erhalten.

Bei Dünstekoven unweit von Heimerzheim liegt das ehemalige Kloster Schillingskapellen, heute ebenfalls ein Gutshof. Es entstand, weil der Ritter Wilhelm Schilling nach einem Kreuzzug die von ihm aus dem Heiligen Land mitgebrachten Reliquien gut unterbringen wollte. Dazu stiftete er eine Kirche und ein Kloster (1197 geweiht). In Schillingskapellen wurde neben zahlreichen Reliquien eine romanische Marienplastik verehrt, die sich heute in der Pfarrkirche von Buschhoven befindet.

Festsaal statt Festung

Südlich von Dünstekoven, ebenfalls an der Westflanke des Kottenforstes, befinden sich die Burgen Morenhoven und Lüftelberg. Letztere ist wieder ein gutes Beispiel für die Umwandlung einer mittelalterlichen Burg in eine dem adligen Lebensgefühl des 18. Jahrhunderts angemessene Wohnanlage. Um 1775 wurde Burg Lüftelberg durch den Architekten von Herzogsfreude, Hof-

baumeister Johann Heinrich Roth, zu einem modernen Barockschloß umgebaut. Gerade der Innenausbau spiegelt weitgehend den Zustand des 18. Jahrhunderts wider. Hier ist der Gartensaal hervorzuheben, dessen Malereien in Grisailletechnik dem Fabelwerk La Fontaines entnommen sind. Die Umwandlung Lüftelbergs in ein freundliches, helles Landschlößchen findet in der Zeit von Joseph Clemens Freiherr von der Vorst-Lombeck statt, der als hoher Beamter am kurkölnischen Hof arbeitete.

Burg Heimerzheim an der Swist ist neben der Gudenau sicher eine der schönsten Wasserburgen am Randes Kottenforstes. Berühmt wird das Schloß 1773, als es vom kurkölnischen Premierminister Caspar Anton Freiherr von der Heyden gen. Belderbusch erworben wird. Dieser hatte schon sechs Jahre zuvor damit begonnen, unweit von Morenhoven das noch heute im authentischen Originalzustand erhaltene Schloß Miel zu errichten. Mit diesem Schloß ist sicher der Höhepunkt des privaten rheinischen Schloßbaus im 18. Jahrhundert erreicht.

Auch Schloß Rösberg, am Ostrand des Kottenforstes gelegen, stand in enger Verbindung zum kurkölnischen Hof des 18. Jahrhunderts. Sein

Erbauer, Ferdinand Joseph Freiherr von Weichs, war unter Kurfürst Clemens August kurkölnischer Oberjägermeister. Die von Weichs hatten dieses Amt über Jahrhunderte inne. Eine der großen Jagdschneisen (Witterschlicker Bahn), die rechtwinklig an Schloß Herzogsfreude vorbeiführte, war direkt auf Schloß Rösberg ausgerichtet. Rösberg, das mehrfach stark beschädigt wurde, wurde ebenso wie Schloß Herzogsfreude 1727 als Maison de Plaisance konzipiert – nur wesentlich kleiner.

Wenig später entstand die unweit gelegene Burg Bornheim, die sicher auf den Fundamenten von Vorgängerbauten errichtet worden ist. Auch Bornheim ist eine Maison de Plaisance, ein Lustschloß auf dem Lande. Sein Erbauer, Johann Jakob von Wallbott-Bassenheim, war mit höchsten höfischen Ämtern betraut. Er verkehrte im engsten Kreis um Kurfürst Clemens August und gehörte zu der Gruppe von ungefähr 16 Menschen, die täglich mit dem Fürsten speisen durften. Im 19. Jahrhundert wurde die Burg umgebaut. Für die Ostflanke des Kottenforstes sind weiterhin die Anlagen Alfter, Sechtem, Hemmerich und Schwadorf zu erwähnen. Sie alle stehen in enger räumlicher Beziehung zum Wald.

Gerade am Beispiel der Burgen und Schlösser am Rande des Kottenforstes kann man die Entwicklung der rheinischen Adelssitze beispielhaft ablesen. Nachdem die Burgen allmählich ihre Funktion als wehrhafte Sitze verlieren, entstehen häufig offene, schloßartige Landsitze. Ihre Erbauer stehen in der Regel in enger Beziehung zum kurkölnischen Hof, was für die künstlerische Qualität der Gebäude wichtig ist. Neue Ideen – wie die der Maison de Plaisance – werden aufgegriffen. In Verbindung mit dem Vorhandenen entstehen Schlösser von ganz eigenem Charme. Auch im 19. Jahrhundert bauten einige der bedeutenden Adelsfamilien an ihren Stammsitzen weiter – jetzt gleichsam als Denkmäler ihrer eigenen glorreichen Vergangenheit. So wird der Kottenforst zur geographischen Klammer für eine in diesem Rahmen nicht vollständig zu benennende, aber beeindruckende Anzahl von Burgen, Schlössern und Klöstern.

Außer alten Flursteinen beherbergt der Kottenforst eine größere Anzahl Wegekreuze aus kurfürstlicher Zeit, darunter das Hogenschurzkreuz beim Hirschweiher an der Venner Allee.

Anekdoten zu historischen Hintergründen

Weit schweift der Blick vom hohen Bergfried der Godesburg über das Rheintal und bleibt – den ausgedehnten Kottenforst im Rücken – an der Silhouette des Siebengebirges hängen. Schon fallen einem die Geschichten vom Riesen ein, der seinen Spaten abklopfte und so die sieben Berge schuf. Oder von Siegfried dem Drachentöter, dessen Heldensage zum festen Bestandteil des besonderen Drachenfels-Flairs gehört, das nicht nur Niederländer zu Hunderttausenden nach Königswinter am Rhein zieht. Wie wenig spektakulär wirkt dagegen, was an Mythen und Legenden, Geschichten und Geschichtchen aus dem Kottenforst und den Dörfern an seinem Rande bis in unsere Tage gedrungen ist. Der große alte Wald hatte für unsere Vorfahren offensichtlich so gar nichts Bedrohliches oder Unerklärliches. Die Landschaft ist zu sanft, die Wälder sind zu licht, als daß sie von übernatürlichen Wesen wimmeln könnten. Und da auch die Tümpel und Maare zu seicht sind, um Drachen zu gebären, sondern allenfalls ausreichen, gesangsstarken Fröschen und liebeshungrigen Kröten eine Heimat zu geben, blieb der Kottenforst ohne Rübezahl, Schinderhannes oder Ungeheuer, die unschuldige Jungfrauen verschlingen.

Schied hier die Natur als Muse für schaurig-schöne Geschichten aus, so blieben die Menschen und ihre Schicksale, die sich mit dem Wald verbanden und zu Erzählungen oder Geschichten verfestigten. Ganz intensiv geschah dies dort, wo die Dörfer mit den umliegenden Wiesen- und Ackerlandschaften in den Wald übergingen. Angesichts der vielen Burgen und befestigten Sitze rund um den Kottenforst muß es verwundern, daß große Rittergestalten fehlen, die anderswo als edle Herren oder grimmige Schurken die Chroniken füllen. Bliebe allenfalls Clemens August, der Kölner Kurfürst, der den Kottenforst mit seiner großen Jagdleidenschaft in

Blick auf das Siebengebirge, die Heimat der Grafen vom Drachenfels, die es an den Rand des Kottenforstes zog.

ganz besonderer Weise inszenierte. Aber auch dieser für seine Zeit exemplarische Herrscher, dem die Historiker zwar sechs Mätressen für die platonische Liebe, aber so gar keine weltgeschichtliche Größe zusprechen, taugte dem Volksmund nur für nette Geschichten mit spürbarer Nähe zur Operette.

Lüfthildis, das Mädchen vom Berge

Zumindest eine Dame erregte mit ihrem Schicksal größeres Aufsehen. Alten Überlieferungen zufolge war sie wundertätig. Im 19. Jahrhundert hat Karl Simrock ihren Namen mit dem Wirken des hünenhaften Frankenkaisers Karl dem Großen verknüpft. Wer nicht den Anspruch nach historischer Wahrheit verfolgt, sondern auch mit der Wahrheit der Dichter und Erzähler leben kann, findet auf beiden Pfaden Interessantes am Rande des Kottenforstes: Lüfthildis gibt tiefe Einblicke in Volksfrömmigkeit und Heiligenverehrung, die etwa ab dem 13. Jahrhundert im Rheinland sehr stark wird.

Die vielleicht gerade noch faßbare historische Gestalt ist in typische Heiligengeschichten eingewoben. Lüfthildis wird mit einer silbernen Handspindel dargestellt, mit der sie Gehörlose durch Berührung von der Taubheit erlöste. Dieses Element, das die drei antiken Parzen des Schicksalsfadens als Vorlage aufnimmt, findet sich auch bei Simrock in der Hand der christlichen Jungfrau. In Verse geschmiedet erzählt er von der Schenkung von Berg, Wald und Wiesen für ein Kloster und dessen Grundbesitz in dem Umfang, wie Lüfthildis den Boden mit der Spindel hinter einem Gaul zu umpflügen vermochte. Für das 19. Jahrhundert war dies eine hinreichende literarische Erklärung für Existenz und Geschichte des heutigen Wallfahrtsortes Lüftelberg.

Und auch hier wird wieder tatsächliche örtliche Geschichte faßbar: Lüfthildis sollte die Kornfelder des Vaters vor einfallenden Wildgänsen schützen. Fromm, wie das Mädchen ist, findet die Stiefmutter das Kind ins Gebet vertieft – und die Gänse im Korn. Bei der Bosheit der Frau überrascht es nicht, daß sie die Kleine mit Ruten schlägt, die in Erzählungen des 17. Jahrhunderts zu Ginsterruten werden. Das greift den Ginsterreichtum der Gegend auf, gibt uns aber zudem den deutlichen Hinweis auf die Hexenverfolgungen. Die Menschen des 17. Jahrhunderts vertrauten darauf, mit gesegnetem Besenginster – und der Fürbitte der Lüfthildis – jeglichen Hexenzauber zu vertreiben. Und den gab es reichlich, schaut man sich die grausige Geschichte der Hexenprozesse rund um den Kottenforst an.

Verlorenes Wissen, gefundene Gedanken

Wie sehr die Klöster das Leben und Denken der Menschen beherrschten, mag aus der Lebendigkeit zu ersehen sein, mit der sich die Menschen in der Erinnerung – und durchaus auch in falschen – mit ihnen beschäftigen. So wird ein fast schon vergessener Brunnen in Holzem auf der Drenke, an dem die Dörfler früher zu Ostern Wasser holten, zum Hinweis auf ein früheres Kloster.

Zwischen wahrscheinlich, möglich und eher unwahrscheinlich bewegt sich das spontane Empfinden bei solchen Geschichten, wie sie der Pädagoge Josef Dietz im 20. Jahrhundert zusammengetragen hat. Während die Erzählung vom blühenden Nonnenkloster unter dem Schutz der hl. Appolonia bei Brenig eine Fülle konkreter Ansatzpunkte für Nachforschungen und Erklärungen liefert, liegt das für Wachtberg-Pech überlieferte Kloster sehr im geschichtlichen Nebel. Bei dieser Erinnerung an das »engefalle Loch«, in dem »e Kluste versunke senn« soll, wurde offensichtlich eine Erklärung für die vielen trichterförmigen Löcher gesucht, die, wie wir heute wissen, Zeugnisse eines längst aufgegebenen Bergbaus sind.

Verlorenes Wissen und im eigenen Nachdenken gefundene – oder auch erfundene – Erklärungen sind der Teig, aus dem liebenswerte Ge-

schichten gebacken werden, die leicht die eigentliche Historie ersetzen. Ein Beispiel ist der reichlich dokumentierte Spitzentenor des 18. Jahrhunderts, Anton Raaff. Der Protegé des Kurfürsten Clemens August, dessen Vater Verwalter auf Burg Gudenau war und der über den Bonner und den Münchener Hof später Wien, Portugal, Spanien und vor allem Italien eroberte und am Ende seiner Karriere zum väterlichen Freund und Förderer Mozarts wurde, hat im Volksmund ein regelrechtes Eigenleben gefunden. Dieses wird vielleicht mehr geliebt, als die »echte« Vita des Tenors. Selbst aktuelle Historiker zitieren aus den Legenden um ihn, weil sie so schön sind. Tatsächlich war Raaff nicht der Sohn eines Schäfers, führte wohl kaum auch den Pflug über die Felder, als seinem Herrn die glockenreine Stimme aufgefallen sein soll. Sein Vater verdiente reichlich, schickte seinen Sprößling auf die Bonner Jesuitenschule. Der lernt ordentlich, singt bei den von Clemens August geförderten Aufführungen der Jesuitendramen und arbeitet dann als Hofmeister auf Burg Gudenau. Dieses

Anton Raaff, ein Spitzentenor des 18. Jahrhunderts.

zu den schönsten Wasserburgen des Rheinlands zählende Schloß ist damals im Besitz der Waldbott-Bassenheims, die zu den führenden Familien Kurkölns gehören. Der Burgherr hat als Obristhofmarschall ständigen Zutritt zum Kurfürsten, und so addieren sich ein ungewöhnliches Talent, erstklassige Beziehungen und eine exzellente Ausbildung bei einer der führenden Gesangschulen Italiens zur Weltkarriere – eine für die ländliche Bevölkerung des 18. und 19. Jahrhunderts nicht faßbare Dimension. Greifbar ist dagegen die Nepomuk-Kapelle, die Raaff als 30jähriger stiftete – und die gleich mit zwei Legenden erklärt wird. So soll Raaff sie aus Dank dafür gestiftet haben, daß er durch vorzeitige Abreise aus Lissabon von dem verheerenden Erdbeben verschont blieb. Aber da stand das gepflegte kleine Gotteshaus bereits seit einem

Dutzend Jahren. Die andere Legende, wonach eine Errettung aus Seenot den jungen Sänger zur Stiftung animiert haben soll, läßt sich als Vermischung von Raaffs Leben mit der Story der letzten Oper, die er gesungen hat, mit Mozarts Idomeneo, identifizieren. In ihr verspricht der König von Kreta dem Poseidon ein Opfer, wenn er aus Seenot errettet wird.

Nicht verschwiegen werden soll, daß die aufgeschriebenen Legenden um Anton Raaff einem Lehrer und nichtverwandten Namensvetter des Tenors zu verdanken sind. Vielmehr wird deutlich, wie groß die Verführung zu Fehldeutungen ist bei denen, die mit Leidenschaft sammeln, was im Volksmund noch vorhanden ist. Völlig akkurat hat dies Josef Dietz gelöst, der zur Erzählung stets die Quelle hinzufügt. Ihm gelang es, im Bonner Umland allein vor dem Zweiten Welt-

Die verschwiegenen Kottenforstmaare, wo einst Hexen getanzt haben mögen.

krieg mehr als 1500 bis dahin unbekannte Volkssagen und 300 Schwänke zu sammeln, die häufig in den Randorten des Kottenforstes und im Wald spielen.

Schauriges aus dem Schatz der Geschichte

Wer die Notizen von Dietz liest, bekommt eine Ahnung davon, wieviel noch zu erforschen und wieviel bereits unrettbar verloren ist. »Heededöppche«, wie die »auf dem Ginsterberg in einer alten Kuhl nach Widdig« gefundenen Urnen aus vorchristlicher Zeit genannt werden, zeigen, daß die Erde vieles bewahrt hat. Wie auch die Funde am Wachtberg-Liessemer »Hammelsjrawe zwesche Schmitze on Dränks«, wo ein Herr Hüllen mit anderen eine »Kaare voll Berkemer Steen (Berkumer Trachyt aus den sogenannten Römersteinbrüchen) us de Ead jehollt (hat). Och ene Koref an enem Säbel hann ich do gefonne. Do wor en Römerbefestigung«.

Den Findern bleibt es überlassen, das Gefundene richtig zu deuten. Und selbst wenn der Säbel vielleicht eher aus der Franzosenzeit gestammt haben könnte, hat er die Erinnerung an die römische Besiedlung der Region bestätigt und kann nahtlos an große Traditionen anknüpfen.

So stellen die Erinnerungen an die Römer, mitunter auch verklausulierte an die fränkische Zeit, danach an die schwedischen Mordtrupps des 30jährigen Krieges, an die Franzosen und die Einquartierung von Kosaken eine Brücke in die Neuzeit dar, in der sich auch mancherlei Geschichten erhalten haben; wobei die aus den dunklen Jahren des Dritten Reiches selten offen erzählt werden. Daß es aber auch in früheren Zeiten häufig Mordgeschichten und solche von tödlichen Unfällen waren, die über die Generationen weitergegeben wurden, belegt die große Zahl von Kreuzen, die in unserer Landschaft stehen.

Den aus Rußland zurückflutenden Franzosen folgten die Kosaken, die natürlich auch in den Orten am Kottenforst Quartier nahmen. So erinnern sich die Bornheimer: »Bei de Kosake waren joode on schlächte Käels. Se wore net all su schlömm, wie de Löck imme verzallt hann.« Manche ließen sich mit Kraut bekochen, andere klauten den Menschen das Essen vom Tisch. Aber auch die Einheimischen waren nicht auf den Kopf gefallen und glichen Gewalt mit List aus. So soll ein Herr Mühlens aus der Bornheimer Königsstraße 100 seine Schinken auf einem Schuppen versteckt haben. Verlangten die Kosaken nach Schinken, schickte Mühlens seine Frau stets weg mit den irreführenden Worten »Geh schnell und hol einen beim Nachbarn Nelles«. Als dieser aber einmal nicht da war, und die Frau dennoch mit einem Schinken zurückkam, rochen die Kosaken den Braten, fanden die Schinken und warfen sie unter lauten »Nelles, Nelles«-Rufen in den Hof.

Glimpflich überstand auch der Müller der Broicher Mühle in Villip die Einquartierung. Als er einen betrunkenen Kosaken aus dem Zimmer warf, schoß dieser durch die Tür, verfehlte aber den im Lehnstuhl sitzenden Großvater, der stolz das Loch in der Eichentür vorwies.

Daß es auch ganz schön heftig zugehen konnte, wird aus der Erinnerung des Ückesdorfer Bürgers Schöneseifen deutlich: »Die senn imme hinge de Wieve hergeweas.« Dem einen Mädchen hätten sie den Zopf abgeschnitten, und die Tochter, die gerade Speck auf Eier briet, nicht in Ruhe gelassen: »Do hät se im de Pann met Speck on Eie öm de Kopp gehaue« und sei weggelaufen. Tatenlos sah man dem Treiben allerdings nicht zu, und wie in Ückesdorf wird es wohl überall gelaufen sein, wenn sich den Einheimischen eine Gelegenheit bot: »Manch eene von de Kosake wuet kapott gemaht – met de Ax. En de Duwemaar wuete se naaks bejrawe.« Wer und was wohl sonst noch alles in den Maaren des Kottenforstes liegen mag? Daß sie nicht nur als schweigende Gräber die Phantasie zu beflügeln vermögen, ist aus der Zeit der Hexenprozesse überliefert. Die Merler Hexen nannten unter der Folter beispielsweise das Metzgermaar bei Villiprott als einen ihrer Tanzplätze. Dort sollen sie sich nach erzwungenen »Geständnissen« an den Martinsabenden und den Donnerstagen

Heimliches, nicht Unheimliches scheint heute in Nebel und Dunst verborgen.

bestimmter Wochen versammelt haben und auf einem Bock reitend wie auch auf einem Hund, einem schwarzen Pferd und einem Pferdeschädel vergnügt und versündigt haben. Die grauenhafte Hexenverfolgung, die Wachtberg und vor allem den Raum Rheinbach, Meckenheim und Flerzheim erfaßte, ist insbesondere mit dem Namen des Rheinbacher Amtmanns Heinrich Degenhardt verbunden. Dieser hatte es auch auf die wohlhabenden Bürger abgesehen, an deren Hab und Gut er sich bereicherte. 130 unschuldige Menschen wurden in jenen Jahren allein in Rheinbach, Meckenheim und Flerzheim verbrannt.

Von Schweinekrieg und Holländerholz
Wie nüchtern nachvollziehbar und allzu menschlich wirken dagegen die Streitereien um die Nut-

Wohnen Waldgeister im Wurzelwerk? Für Gespensterspuk ist der heutige Wald zu aufgeklärt.

zung des Waldes, wie sie im Schweinekrieg zwischen der Abtei Siegburg und der Burg Gudenau im südlichen Kottenforst ausgetragen wurden, oder auch im Waldstreit, der ein gutes Jahrhundert danach im nördlichen Waldbereich bei Buschdorf das Bonner Stift Dietkirchen und den damaligen Kölner Kurfürsten Maximilian Heinrich aneinanderrasseln ließen. Im Streit standen 250 große Eichenstämme, die das Stift an holländische Holzhändler verkaufen wollte. Der Streit beleuchtet frühe Formen eines auf nachhaltigen Waldbau angelegten Verständnisses vom Wald, wie auch die Konkurrenz traditioneller Waldnutzung. Wenn der Kurfürst befürchten mußte, daß »der Wald verwüstet, und ihre Churfürstl. Durchlaucht, welche der Mastung halber zur Halbscheid intereßirt, dadurch großen Schaden und Abgang zu erwarthen haben würden«, wird es rechtlich kompliziert.

Die Akten dieses exemplarischen Streits aus dem Jahr 1660 zeigen im übrigen, wie begehrt die Bäume des Kottenforstes damals waren. Die Holländer brauchten so viel Material für ihre Kriegs- und Handelsflotte, daß geradezu vom »Holländerholz« gesprochen wurde. Die Stämme wurden über den Rhein geflößt. Daß der holländische Holzhändler Mertin Arretzen dann auch noch Landzoll für den Transport der Stämme zum Rhein entrichten mußte, gehörte zu den handelsüblichen Gepflogenheiten jener Tage. Ihm gelang es, die geforderte Summe in zähen Verhandlungen von 50 auf 25 Reichstaler zu drücken, die er an die Hofkammer zu zahlen hatte, worauf man ihn dann im übrigen »unentgeltlich paßiren« ließ.

Wenn man heute Spaziergänger im Kottenforst belauscht, die im feinen Staat mit dünnsohligen Schuhen in intensive Gespräche über Kultur und Kuren, Konditoreien und Krankengymnastinnen vertieft sind, dann wachsen den Anekdoten rund um den Kottenforst neue hinzu. Den einen ist der Wald zu wenig aufgeräumt, die anderen stören sich an den Matschspuren großrädriger Holzfahrzeuge oder am Lärm der Kettensägen –

gerade so, als ob man sich in einem Kur- oder Stadtpark befindet, wo es gilt, Tauben und Enten zu füttern. Dabei war der Kottenforst noch vor wenigen Jahrzehnten ein Wald, der den Städtern das Gefühl romantischer Ausflüge in die Natur vermittelte.

Vielleicht empfiehlt es sich deshalb um so mehr, dem Wald im Kottenforst nachzuspüren, wie ihn Clemens August inszeniert hat. Dabei darf einem getrost die Holzsammlerin mit großen Reisigbündeln auf dem Kopf vor Augen kommen, der man noch vor wenigen Jahrzehnten in allen Orten am Kottenforstrand begegnen konnte. Die wenigen Jahrzehnte des Wohlstands nach 1945 und die damit verbundene raumgreifende Ausbreitung der Wohnlagen rund um den Kottenforst haben uns von diesem Wald weit entfernt – weiter vielleicht, als Holzsammlerinnen und Holzhauer vom Walde des Clemens August entfernt gewesen waren. Diese haben mitunter noch Feuerwesen und Gespenster gesehen, den Teufel, die wilden Jäger und die Irrlichter, die den Menschen über Jahrtausende im Kottenforst wie in allen anderen großen Wäldern begegnet sind.

Glitzernde Geheimnisse: Schwimmblattdecke auf dem Rehsprungmaar.

NATURNAHER WALDBAU IM KOTTENFORST

Forstliche Leitziele für die Zukunft

Könnte der Kottenforst nicht auch Kottenwald heißen? Was unterscheidet einen Wald vom Forst? Wald ist eine besondere und unter natürlichen Bedingungen auch sehr langlebige Vegetationsform. Er verkörpert für viele die unbeeinflußte Natur schlechthin und ist sprachlich vor allem in Süddeutschland gebräuchlich. Forst leitet sich dagegen aus dem lateinischen foris ab, was außerhalb bedeutet. Außerhalb der allgemeinen Nutzungen war damit gemeint, also Wald, der für die Allgemeinheit nicht zur Verfügung stand. Mit diesem eher im Norden Deutschlands verbreiteten Begriff Forst verbindet man gewöhnlich etwas künstlich Gestaltetes wie die gleichförmigen Fichtenforste. Der Kottenforst weist eine mehr als 1000jährige Geschichte intensiver menschlicher Beeinflussung auf und ist über lange Jahrhunderte überhaupt nur als eingeforstetes Eigentum der jeweiligen Landesherrn erhalten worden; er trägt seinen Namen daher völlig zu Recht. Im Kottenforst den Wald mit seinen natürlichen Prozessen wieder in den Vordergrund zu stellen, ist die aktuelle waldbauliche Zielsetzung.

Worauf der Wald sich gründet

Im Untergrund des Kottenforstes finden wir die Kiese und Sande, die der Rhein vor mehr als einer halben Million Jahre auf den eingeebneten und tonig verwitterten Devonschiefern als Hauptterrasse abgelagert hat. Darüber liegt eine kalkfreie Lößlehmüberdeckung aus der jüngsten Kaltzeit, die man auch als Kottenforstlehm bezeichnet. Häufig ist der Waldboden gerade im Frühjahr wassergesättigt, während im Sommer das Gegenteil eintritt. Die Lößlehmüberdeckung ist zwischen 0,4 und 3 Meter dick. Je dünner sie ist, desto stärker tritt die Wechselfeuchte des Standorts in den Vordergrund. Kleine Niveauunterschiede differenzieren den Standort zwi-

schen Buchen und Eichen, weil Buchen längeren stauwasserbedingten Sauerstoffmangel im Boden nicht vertragen. Etwa 80 % des Kottenforstbodens ist stärker stauwasserbeeinflußt. Auf Kahlflächen stellt sich schnell eine dichte Decke mit hochwüchsigem Waldreitgras (auch Wald-

Stürme haben dem Kottenforst in den letzten Jahrzehnten stark zugesetzt.

Die Vernässungsböden sind für die forstliche Bewirtschaftung ein besonderes Problem.

Wald ist ein wertvolles Wirtschaftsgut, denn seine nachhaltige Nutzung steht im Einklang mit der Natur.

schilf genannt) ein, die ein jahrelanges Hemmnis für die Wiederbewaldung darstellt. Nur an wenigen Stellen wie in den eingeschnittenen Bachtälchen am Ostrand des Kottenforstplateaus tritt die Staufeuchte eher in den Hintergrund.

Nicht zuletzt durch die atmosphärischen Schadstoffeinträge der letzten Jahrzehnte hat die Bodenversauerung ein Ausmaß erreicht, das wiederholte Bodenschutzkalkungen notwendig macht. Beim Waldbau bleibt, anders als in der Landwirtschaft, nur die Kalkung aus der Luft. Größere Teile des Kottenforstes wurden in den letzten zehn Jahren mit jeweils drei Tonnen Kalkgesteinsmehl pro Hektar gekalkt, um wenigstens den zusätzlichen Säureeintrag aus der Luft für einige Jahre abzupuffern und die weitere Versauerung aufzuhalten. Zwar ist der Niederschlag inzwischen weitgehend von den säureerzeugenden Schwefelverbindungen befreit, doch stellen die Stickstoffoxide weiterhin ein ernstzunehmendes Problem dar.

Klimatisch ist der Kottenforst durch ausreichende Niederschläge, eine lange Vegetationszeit und milde Winter gekennzeichnet, wie sie für den subatlantisch geprägten Klimatyp mit subkontinentalem Einschlag typisch sind. Durch die Leelage zur Eifel ist die Niederschlagsmenge mit durchschnittlich 660 mm relativ gering. Etwa die Hälfte davon fallen in der über 170 Tage reichenden Vegetationszeit. Mit einer Jahresmitteltemperatur von 9,5 °C (in der Vegetationszeit von Mai – September durchschnittlich 15,8 °C) sind die klimatischen Bedingungen für das Waldwachstum daher generell günstig. Die erhöhte Spätfrostgefahr und gelegentliche Frühjahrs- oder Sommertrockenheit stellen allerdings forstliche Risiken dar, die nicht selten zum Ausfall gerade gepflanzter junger Bäume führen können.

Wälder – Menschenwerk oder Natur?

Klimatisch bedingt beherrscht die Buche die Waldgesellschaften auch im Kottenforst. Nur durch die besonderen Eigenschaften des Standortes wie starke Staunässe oder Trockenheit

Die im Unterwuchs häufige Stechpalme ist das einzige immergrüne heimische Laubgehölz.

treten andere Baumarten wie Stieleiche und Winterlinde in den Vordergrund. Der relativ hohe Anteil der Eichen ist wesentlich durch die jahrhundertelange Mittelwaldwirtschaft begründet. Dabei wurden einzelne Eichen stehengelassen und die dazwischen stehenden Bäume alle sieben bis 25 Jahre für Brennholzzwecke genutzt. Der heute für den Kottenforst typische Mischbestand enthält hauptsächlich Stiel- und Traubeneiche, Winterlinde, Buche und Hainbuche und wird dem Maiglöckchen-Stieleichen-Hainbuchen-Wald zugeordnet. Die oft nur spärliche Strauchschicht setzt sich hauptsächlich aus jungen Winterlinden, Hainbuchen und Buchen zusammen, hier und da ergänzt von Stechpalmen. Allerdings werden durch die heute festzustellende Vitalität der Buchen Zweifel an der vegetationskundlichen Einordnung geweckt. Offenbar sind die weniger staufeuchten Standorte des Kottenforstes sind dagegen eher dem Flattergras-Buchenwald zuzuordnen. Dies spielt für die waldbauliche Zielsetzung eine große Rolle, denn damit kommt der natürlichen Verjüngung der

Buche eine besondere Bedeutung zu. Mancher Eichenbestand mit Buche wird so im Laufe der Zeit zu einem Buchenbestand mit Eiche werden. Der Wald hat sich im Kottenforst in den letzten 200 Jahren stark verändert. Die periodisch angefertigten Forsteinrichtungswerke geben den Waldzustand und die jeweilige waldbauliche Richtung zumindest für den Staatswaldanteil von ca. 3300 Hektar präzise an. Der Mittel- und Niederwald verminderte sich von 74 % im Jahre 1829 auf ganze 2 % 1879. Der Eichenanteil sank seit 1879 von 67 % bis 1983 auf 30 %, um dann langsam wieder anzusteigen. Heute beträgt er knapp 40 %. Der Buchenanteil schwankte zwischen 9 und 24 %; auch er wird in Zukunft weiter ansteigen. Andere Laubbäume wie Hainbuchen, Winterlinden, Eschen, Birken und Erlen vergrößerten ihre Fläche bis auf heute etwa 16 %.

Der Fichtenanteil entwickelte sich bis auf maximal 30 % im Jahre 1983, um bis heute auf unter 19 % abzusinken. Er wird sich künftig zugunsten der Eichenwälder weiter vermindern. Kiefer und Lärche waren um 1965 mit einem Höchstwert von 15 % vertreten. Ihr Anteil beträgt heute etwa 11 %. Die aus Nordamerika stammende Douglasie ist im Kottenforst nur mit 1,5 % vertreten. Etwa 65 % der Bestände im Kottenforst sind Mischbestände, und nur ein Drittel haben keine oder nur unbedeutende Baumartenmischungen. Viele sind auch mehrschichtig und kommen dabei den heutigen Zielvorstellungen vom ungleichaltrigen, gemischten Wald schon sehr nahe.

Von der Natur lernen – Waldbau im Wandel

Kahlschlag oder Naturverjüngung? Fichte, Kiefer und Weißtanne statt Eiche und Buche? Vielfältig waren die waldbaulichen Richtungen im Laufe der Jahrzehnte, beständig nur der stete Wechsel der Ansichten. Der Einfluß der wirtschaftlichen Rahmenbedingungen überdeckte oft die vorhandenen Erkenntnisse. Mancher Förster hatte auch persönliche Vorlieben, die der einen Baumart oder auch der anderen Wildart galten. So wendet sich die fachliche Kritik wegen häufiger Rückschläge schon seit 1870 gegen den Fichtenanbau im Kottenforst, und doch erreichte die Fichte erst 1983 ihren maximalen Flächenanteil. Schon um 1875 wurde vom damaligen Forstamtsleiter, Professor Borggreve, die Einzelstammwirtschaft und die Abkehr vom Kahlschlag gefordert und praktiziert. Er warnte eindringlich vor der Kahlfläche mit den bekannten Problemen Nässe, Kälte und Vergrasung. Er ließ im Wald kleine Lücken auch mit Nadelholz ausfüllen, das oft bis heute stabil und wüchsig ist. Doch schon um die Wende zum 20. Jahrhundert kamen wieder andere Strömungen auf. Kahlschlag und flächiger Nadelholzanbau wurden wieder praktiziert. Der Erste Weltkrieg und

Raschwüchsige Birken als Füllholz in einer Eichenaufforstung.

die Wirtschaftskrise führten darüber hinaus zu Raubbau auch im Kottenforst, der durch die naturnahe waldbauliche Strömung in den 30er Jahren nicht wettgemacht werden konnte. Auch der Zweite Weltkrieg hinterließ tiefe Wunden im Wald. Kriegsschäden und Reparationshiebe führten zu Borkenkäferkalamitäten und weiteren Kahlflächen. Von 1949 bis 1959 wurden über 700 Hektar neu aufgeforstet. Zwischen 1960 und 1985 lag der Schwerpunkt auf der Eichenverjüngung. Anfang der 90er Jahre schließlich kam die naturnahe, kahlschlagfreie Waldwirtschaft flächendeckend zum Durchbruch. Lange Jahre als Außenseiterstandpunkt verkannt, führten Sparzwänge und waldökologische Erkenntnisse schließlich zu der Überzeugung, daß die Orientierung an natürlichen Abläufen – die biologische Automation – ohne Aufgabe von Wirtschaftzielen zu ökologisch und ökonomisch zu besseren Ergebnissen führt. Der Orkan »Wiebke« der am 28. Februar 1990 viele Hektar Fichtenwald im Kottenforst zerstörte und auch Buchen und Eichen umwarf, wurde als ernster Hinweis auf wichtige Kriterien des naturnahen erfolgreichen Waldbaus verstanden – die Stabilität und Elastizität von Waldökosystemen.

Naturwaldzellen

Als wichtige Studienobjekte für die waldökologische Forschung gibt es im Kottenforst zwei Naturwaldzellen. Sie gehen auf einen Vorschlag

Walderlebnis in allen Dimensionen.

des früheren Amtsleiters und Leiter des Waldbauinstitutes des Landes Nordrhein-Westfalen, Prof. H. Hesmer, zurück. Er hatte schon 1934 erkannt, daß wegen des Mangels von Urwald in Mitteleuropa wieder dafür gesorgt werden müßte, natürliche Prozesse im Wald an Beispielsflächen zu erforschen. Da große, unberührte Waldflächen im dicht besiedelten Deutschland unrealistisch sind, schlug er 1967 in einer Denkschrift ein System von ca. 10 – 30 Hektar großen Naturwaldzellen vor, die alle in Nordrhein-Westfalen vorkommenden Waldgesellschaften repräsentieren sollen. Im Naturschutzjahr 1970 wurde schließlich mit der Ausweisung von Naturwaldzellen oder Bannwaldflächen in verschiedenen Bundesländern begonnen. Heute stellen diese Flächen wertvolle Forschungswälder dar.

Im Kottenforst liegen die Naturwaldzelle »Oberm Jägerkreuz« direkt an der Flerzheimer Allee und die Naturwaldzelle »Probstforst« westlich der Witterschlicker Allee. Beide reprä-

Zerfall in Raten: Pilze und Kleinlebewesen zerlegen einen Baumstubben.

Morgendlicher Dunst nach einer kalten Nacht auf einer Kahlfläche im Kottenforst.

sentieren den Hainbuchen-Stieleichen-Wald mit Winterlinde und zeigen dem Besucher eindrücklich, wie sich die Laubwälder in unserer Region über den Ausfall von Einzelbäumen oder Baumgruppen von selbst verjüngen und zu einem gut strukturierten, gemischten Bestand weiterentwickeln. Auch für Flora und Fauna bieten diese Flächen vielfältige Entwicklungsmöglichkeiten. Höhlenbrüter, holzzersetzende Pilze und die Käferfauna finden hier reichlich Lebensraum, der im Wirtschaftswald wegen der fehlenden Zerfallsphase nicht in diesem Umfang zur Verfügung steht.

Abschied vom Kahlschlag

Kahlschläge hinterlassen baumfreie Flächen, auf denen klimatische Extreme den Waldbäumen das Leben schwer machen. Kälte, Nässe und Vergrasung sind die Feinde von Eiche, Buche und Edellaubholz. Nur die Pioniergehölze wie Birke, Salweide, Aspe, Kiefer und auch die Fichte fühlen sich eine Weile wohl, bis in ihrem Schutz die schattenertragenden und vom Höhenwachstum überlegenen Klimaxbaumarten schließlich die Oberhand gewinnen. Lange Jahrzehnte der kostenträchtigen Pflege und des Risikos sind bis dahin zu überwinden.

Die kahlschlagfreie, naturnahe Waldwirtschaft wird manchmal für eine Erfindung von Ökologen gehalten. Sicher ist jedoch, daß diese Form der Waldbewirtschaftung auch aus der Not geboren wurde. Fehlt das Geld für die Aufforstung,

bleibt eigentlich nur, die für das Einkommen des Forstbetriebes notwendigen Holzmengen über die selektive Durchforstung aus der ganzen Fläche zu schlagen. Durch die Auflichtung des Kronendachs können mehr Licht, Wärme und Feuchte den Waldboden erreichen, der Stoffkreislauf kommt in Gang, und die Naturverjüngung läßt nicht lange auf sich warten. Voraussetzung für das Gelingen dieser moderaten Bewirtschaftung ist allerdings, daß der Wildbestand sich in verträglichem Rahmen hält und die als Verjüngung erwarteten Baumarten überhaupt vorhanden sind. Forstbetriebe aller Besitzarten zeigen heute, daß sich die Aufwendungen für Kulturen und Pflege durch eine solche Waldwirtschaft deutlich vermindern lassen. Ökonomische und ökologische Vorteile dieser Waldbewirtschaftung haben heute fast alle Forstleute überzeugt. Im Waldbauprogramm des Landes Nordrhein-Westfalen ist daher das Vermeiden von

Stammrücken mit ein PS – das Kaltblutpferd ist bodenschonend, allerdings nur bei dünnen Stämmen.

Kahlschlägen ein wichtiges Prinzip. Leider läßt sich bei ungünstiger Ausgangslage nicht jede Kahlfläche vermeiden. Gerade Nadelbaum-Reinbestände höheren Alters sind anfällig gegen Wind und Borkenkäfer. Im Kottenforst sind diesen beiden Störfaktoren in den letzten Jahren über 400 Hektar Fichtenbestände zum Opfer gefallen, deren Flächen aufgeforstet werden mußten.

Im Kottenforst verjüngen sich gerade Buche, Hainbuche und Winterlinde besonders gut, und auch einzelne Fichten, Kiefern und Douglasien sind als Mischung durchaus erwünscht. Die Eicheln, die Samen der Eichen, werden allerdings gerne vom Schwarzwild genommen. Als Sämlinge werden Eichen bevorzugt von Reh- und Damwild geäst. Die sturmbedingten Kahlflächen bieten Gelegenheit, den Eichenanteil auf künstlichem Wege zu sichern. Ehemalige Fichtenbestände werden so ohne langen Umweg über Gras- und reine Birken-Stadien zu gemischten Eichen-Hainbuchen-Beständen mit Winterlinde entwickelt. Der natürlichen Sukzession mit Pionierbaumarten wie Birke und Weise wird aber genügend Raum gegeben.

Pflege der Bestände

Baum ab – nein danke? Dieser vermeintlich waldfreundliche Slogan bedarf des kritischen Überdenkens. Wenn auch gelegentlich schlammige Wege und Traktoren im Wald den Besucher stören, wird jedem der Sinn und Zweck des Bäumefällens sofort klar, der einmal einen Waldbestand über mehrere Jahre genauer beobachtet

Einzelstammernte statt hektargroßer Hiebflächen.

hat. Er wird feststellen, daß einzelne Bäume den Wuchsraum der geschlagenen Nachbarn schnell einnehmen und ihrerseits vital und kräftig werden. Der jährliche Zuwachs verlagert sich auf die besseren und vitaleren Bäume und schafft dort nutzbare Werte für die Zukunft. Seltenere Baumarten werden zu Lasten der verbreiteteren Waldgehölze gefördert und gegen übermäßige Konkurrenz geschützt. So erhöht sich auch die Artenvielfalt.

Nicht zuletzt bedeutet Bestandespflege auch Ernte. Im Kottenforst wachsen durchschnittlich rund acht Kubikmeter Holzmasse je Hektar und Jahr nach. Die dem Wachstum zugrundeliegende Photosynthese der Waldbäume hat dazu etwa 6,4 Tonnen Kohlenstoffdioxid aus der Luft

verwendet und in Biomasse langfristig gebunden. Etwa 4,5 Kubikmeter werden im Durchschnitt je Jahr und Hektar geschlagen, so daß sich ein Vorratsaufbau von rund 3,5 Kubikmeter pro Jahr und Hektar ergibt. Allein auf der Staatswaldfläche wächst auf diese Weise jedes Jahr ein zusätzlicher Holzvorrat von rund 10 800 Kubikmetern heran. Die Nachhaltigkeit des Waldbestandes ist damit also mehr als gesichert.

Die Waldnutzung ist eine der wenigen tatsächlich funktionierenden Möglichkeiten, die Anreicherung des sogenannten Treibhausgases Kohlenstoffdioxid aus technischen Verbrennungsprozessen in der Atmosphäre zumindest teilweise auszugleichen. Während unbewirtschaftete Wälder im Gleichgewichtszustand genausoviel

Erntegut Holz – gewachsen (fast nur) aus Licht und Luft.

Kohlenstoffdioxid durch Wachstumsprozesse binden, wie durch natürliche Zersetzungsvorgänge freigesetzt werden, sind bewirtschaftete Wälder echte CO_2-Senken, sofern die daraus erzeugten Holzmengen zumindest zum Teil in langlebigen Produkten verwendet werden. Auch bei der Verwendung als Ersatz für fossile, nicht nachwachsende Brennstoffe wird CO_2 eingespart. Der Rohstoff Holz sichert darüber hinaus Arbeitsplätze in der Forst- und Holzwirtschaft und ist die wesentliche Grundlage für die Finanzierung der Waldpflege.

Wald vor Wild oder Wild vor Wald?

Generationen von Jägern und Förstern haben sich darüber gestritten, wem der Vorrang gebührt. Seit den 30er Jahren stand vielerorts die Hege des Wildes an erster Stelle, was oft auf Kosten des Waldes ging, denn die pflanzenfressenden Großtiere schädigen die Gehölze durch Verbiß und fördern die Ausbreitung von Gräsern. Jahrzehntelang wurden junge Kulturen mit einem dichten Zaun versehen. Das Bundesjagdgesetz machte endlich Schluß mit der Diskussion: Der Wildbestand ist in Einklang mit der natürlichen Tragfähigkeit des Lebensraumes zu bringen, so daß die natürliche Waldverjüngung der Hauptbaumarten ohne besonderen Schutz möglich ist.

Heute versteht man den Wildbestand als natürlichen Teil des Waldökosystems. Wald und Wild sind eine funktionale Einheit. Da die großen Beutegreifer (Prädatoren) wie Bär, Wolf und Luchs im dicht besiedelten Mitteleuropa fast überall längst ausgerottet sind, muß der Mensch ihre Rolle übernehmen. Wildbret ist zudem eine natürliche Nahrungsquelle, die gerade unter den heutigen Bedingungen der nicht immer unbedingt artgemäßen landwirtschaftlichen Tierproduktion eine diskutable Alternative für den Verbraucher bietet.

Das Rotwild (Rothirsch) ist schon im vorigen Jahrhundert aus dem Kottenforst verschwunden. An seine Stelle ist das Damwild (Damhirsch) getreten, das mit den Lebensraumbedingungen

dieses Waldgebietes deutlich besser zurechtkommt. Weniger scheu und eher neugierig stört es sich am Waldbesucher auf einem Weg nur wenig. Pilzsammler, Querwaldeinläufer oder Hunde stellen allerdings wesentliche Störfaktoren dar. Seit Jahrzehnten kümmert sich die Damwild-Hegegemeinschaft Kottenforst um das Damwild und seinen Lebensraum. Schwarzwild (Wildschweine) ist im Wald willkommen, da es einen Teil der notwendigen Bodenbearbeitung übernimmt und eine leicht zu bewirtschaftende Wildart ist. Rehwild wird durch diese Wildtiere eher in den Hintergrund gedrängt. Als sogenannter Konzentratselektierer, der vor allem Kräuter, Knospen und frische Triebe äst, muß es aber ebenfalls konsequent bejagt werden, um die Naturverjüngung mit voller Artenvielfalt zu erhalten. Die Jagd kann nur unter Berücksichti-

Ein Distelfalter tankt Blütennektar auf Wasserhanf.

Lockere Verhältnisse: Licht ist das wichtigste Startsignal für neues Wachstum am Waldboden.

gung der Erholungsfunktion des Waldes, des Tier- und Artenschutzes sowie der Wildbrethygiene organisiert werden.

Multifunktionaler Wald

Was will der Mensch vom Kottenforst? Mountainbiker suchen Querfeldeinstrecken, Inlineskater und Radfahrer eher eine geteerte Piste. Reiter wünschen sich unbefestigte Wege. Der Waldspaziergänger möchte die drei Erstgenannten möglichst gar nicht, sondern lieber die Wildtiere beobachten, und der Naturfreund liebt die Stille mit dem flatternden Falter in der Morgensonne. Städteplaner und Landschaftsökologen schätzen am Wald die Verbesserung des Lokalklimas.

Das Stichwort »Multifunktionaler Wald« beschreibt die ganze Vielfalt und Spannweite der Wünsche, die man grob in Nutz-, Schutz- und Erholungsfunktionen untergliedern kann. Auch im Kottenforst wird der Versuch unternommen, alles auf der ganzen Fläche zu leisten. Naturschutz verträgt sich nicht mit intensiver Erholung, so wie auch die Holzproduktion Rücksicht auf die anderen Funktionen nehmen muß. Der Forstverwaltung fällt dabei die Aufgabe zu, die Schwerpunkte richtig zu setzen und die Konflikte zu minimieren. Ziel ist es, eine naturverträgliche Erholung über eine geeignete Besucherlen-

kung zu ermöglichen und zu fördern, soweit dies Natur- und Artenschutz zulassen. Die wichtigste praktische Einrichtung hierzu ist ein gut gepflegtes Netz von Wander- und Reitwegen, die empfindliche Bereiche meiden. Das geplante Waldreservat mit seinen zusätzlichen Beschränkungen für die Besucher wird in diesem Bereich große Anstrengungen nötig werden lassen.

Natur pur – Waldreservat Kottenforst

Große Teile des Kottenforstes sollen in absehbarer Zeit unter Naturschutz gestellt werden. Dies bedeutet nicht die Einstellung der forstlichen Pflege und Bewirtschaftung, sondern stellt besondere Anforderungen an die Erhaltung der Biodiversität. Der Schutz von Sonderbiotopen wie den Maaren und Erlenbrüchern oder der Erhalt von stehendem und liegendem Totholz, die Einrichtung zusätzlicher Naturwaldzellen oder das Verbot des Pilzesammelns sind Maßnahmen, die für eine Erhöhung der biologischen Vielfalt sorgen sollen. Bereits heute ist der Kottenforst Lebensraum vieler seltener Arten wie zum Beispiel von Springfrosch, Grün- und Wasserfrosch, von Waldeidechse und Feuersalamander, ferner von Eisvogel, Hohltaube, Grün- und Mittelspecht. Im Biotopkataster sind allein 63 besondere Biotope mit besonderem Arteninventar von insgesamt 1031 Hektar Fläche erfaßt, die vor allem aufgrund vegetationskundlicher Befunde ausgewiesen wurden. Die über Jahrhunderte erhaltene Naturnähe des Waldes auf dem größten Teil der Fläche ist aber sicherlich der Hauptgrund für die notwendige und wünschenswerte Ausweisung des Kottenforstes als ökologisch hochrangiges Waldreservat.

Am Beispiel des Kottenforstes läßt sich eindrücklich zeigen, daß die Bewirtschaftung unserer Wälder eine Aufgabe ist, die viele Ziele gleichzeitig verfolgen muß. Die umfassende Berücksichtigung des Gebotes der Nachhaltigkeit, das in der Forstwirtschaft entstanden ist, muß weiterhin Verpflichtung bleiben, weil Ökonomie im Wald langfristig nicht im Gegensatz zur Ökologie stehen kann.

Totholz steckt voller Leben. In Naturwaldzellen entwickelt der Wald seine eigene Dynamik.

EIN WALD FÜR ALLE JAHRESZEITEN

Erholsame Wanderungen auf ebenen Wegen ohne nennenswerte Steigungen sind im Kottenforst in fast jeder beliebigen Distanz möglich. Vom Frühjahr mit seinen zarten Pastelltönen über das satte, schattige Grün des Sommers bis zum Herbst, der mit bunten Blättern, Früchten und Pilzen ein furioses farbliches Finale setzt, bietet der Wald praktisch zu allen Jahreszeiten Szenisches und Erlebniswertes. Der Winter, in dem sich flächige farbige Akzente eher im Hintergrund halten, lenkt den Blick dagegen eher auf das Detail, auf Linien, Konturen und Schatten, eine räkelnde Ranke hier und ein paar fahle Halme im Gegenlicht dort. Wald hat zum Sehen und Staunen eigentlich immer Saison. Ein paar spezielle Tips mögen das Walderlebnis erleichtern:

• Der Kottenforst ist als Naherholungsgebiet hervorragend erschlossen und von mehreren Wanderparkplätzen zugänglich. Die Endhaltestellen verschiedener Bonner Stadtbuslinien in Röttgen (Linie 624), an der Waldau (Linie 625) oder am Waldkrankenhaus Bad Godesberg (Linie 615) liegen jeweils am Ausgangspunkt mehrerer Spazier- und Wanderwege.

• Äußerst beliebt sind auch die Wanderparkplätze am Forsthaus Schönwaldhaus in Villiprott oder beim Bahnhof Kottenforst, zumal sich hier nach strammem Schritt, schweißtreibendem Skating oder einer größeren Runde auf dem Rad einladende Gartenlokale empfehlen.

• Obwohl an allen Wanderparkplätzen Wegepläne aufgestellt sind, ist die Orientierung auf den geradlinigen, sich rechtwinklig schneidenden Alleen, Bahnen, Schneisen und sonstigen Wegen ein wenig schwierig. Hilfreich sind hier für den Naturpark Kottenforst-Ville die neu herausgegebene Freizeitkarte 1:50 000, Blatt 23 Siebengebirge/Südliche Ville oder die Topographische Karte 1:25 000 Blatt 5308 Bonn-Bad Godesberg.

• Die neu eingerichtete Wasserburgen-Route für Radwanderer, die unter anderem auch Schloß Gudenau einbezieht, berührt den Kottenforst an seiner Südflanke.

Zur Abrundung oder Ergänzung des Komplett-erlebnisses Kottenforst gehören natürlich auch:

Rheinisches Landesmuseum

Die überregional bedeutsame Institution entstand 1874 aus einem bereits 1820 gegründeten Vorläufer. In seinen reichhaltigen Sammlungen bewahrt es hochrangige vor- und frühgeschichtlicher Dokumente aus der phasenreichen Vergangenheit des Rheinlandes. Auch etliche Fundstücke aus dem Kottenforst und seiner näheren Umgebung gehören dazu. Nach grundlegender Neuordnung der Ausstellung wird das Haus im Jahr 2001 wiedereröffnet.

Rheinisches Landesmuseum
Justus-von-Liebig-Str. 15
53121 Bonn
Tel. 02 28/9 88 10
Di – So 11 – 17 Uhr, Mi 11 – 20 Uhr

Haus der Natur/Himmeroder Hof

Wenn man sich in der abwechslungsreichen Landschaft des Naturparks Kottenforst-Ville erholt, kann man gleichzeitig auch eine Menge wissenswerter Zusammenhänge aus der Umwelt erfahren und die Natur auf allen Ebenen entdecken. Das Haus der Natur, vom Zweckverband für den Naturpark im traditionsreichen Himmeroder Hof direkt neben dem Glasmuseum, gibt mit seiner Informationsausstellung und seinem Schriftenangebot vielerlei nützliche Anregungen für eigene Aktivitäten. Ein umfangreiches Veranstaltungsangebot (Vorträge, Wanderungen, Exkursionen), das Mitarbeiter aus dem ehrenamtlichen Naturschutz gestalten, bietet themenbezogene Einstiegshilfen, um draußen einfach mehr zu sehen und zu erleben.

Haus der Natur
Himmeroder Hof,
Himmeroder Wall 6
53359 Rheinbach
Tel. 0 22 36/23 43
Geöffnet Di – Fr (auch an Feiertagen) 10 – 12/14 – 17 Uhr, Sa + So 14 – 17 Uhr

Haus der Natur/Wildgehege Waldau

Im Obergeschoß eines Fachwerkbauernhauses, das ursprünglich im Hunsrück stand, erfährt der Besucher aus Karten, Dokumentationen oder Dioramen alles Interessante und Bemerkenswerte zum Naturgefüge des Kottenforstes, was ihm bei Fuß- oder Radwanderungen auffallen kann. Sieben farbig gekennzeichnete Themengebiete halten eine Menge spannender Informationen bereit. Unbedingt sehenswert ist auch ein eigens als Demonstrationsanlage eingerichteter, ökologisch bewirtschafteter Bauerngarten vor dem Haus. Wenige Gehminuten entfernt befindet sich ein von der Forstverwaltung eingerichtetes Wildgehege, in dem man unter anderem Damhirsche und Wildschweine beobachten kann.

Haus der Natur
An der Waldau 50
53127 Bonn
Tel. 02 28/28 51 07
Geöffnet (Nov – März) Di – Fr 13 – 17,
Sa + So 11 – 17 Uhr, (April-Okt) Di – Fr 14 – 19,
Sa + So 11 – 19 Uhr
Führungen nach Terminabsprache

Heimatmuseum Villip

In der Grundschule Villip untergebrachte, vom Heimatverein Villip (HVV) betreute Sammlung mit sehenswerten Objekten zur Lokalgeschichte (Archäologie, Wohn- und Wirtschaftsgeschichte) speziell des Wachtberger Raums.

Heimatmuseum Villip
Villiper Hauptstraße 17
53343 Wachtberg-Villip
Tel. 02 28/9 51 69 33
Öffnungen und Führungen
nach Terminabsprache

Naturraum Kottenforst

Frahm, J.-P., Fischer, E.: Führer zu botanischen Exkursionen in der Umgebung von Bonn. Bonn 1998.

Fränzle, O.: Geomorphologie der Umgebung von Bonn. Arb. z. rhein. Landeskunde 29, 1–170 (1969).

Grunert, J. (Hrsg.): Geomorphologische Prozeßforschung und Landschaftsökologie im Bonner Raum. Arb. z. rhein. Landeskunde 60, 1–183 (1991).

Kremer, B. P. (Hrsg.): Naturführer Bonn und Umgebung. Landschaft, Naturschutz und Ökologie. Bonn 1993.

Kremer, B. P.: Lebensraum aus Menschenhand. Schützenswerte Biotope der rheinischen Kulturlandschaft. Köln 1997.

Kremer, B. P., Caspers, N.: Der Naturpark Kottenforst-Ville. Rheinische Landschaften 10, Neuss 1977.

Kreuer, W.: Der Kottenforst im Naturpark Kottenforst-Ville. Recklinghausen 1974.

Stiehl, E. (Hrsg.): Die Stadt Bonn und ihr Umland. Ein geographischer Exkursionsführer. Arb. z. rhein. Landeskunde 66, 1–289 (1997).

Vom Bannforst zum Naturpark

Brandis, D.: Transportable Wald-Schmalspureisenbahnen wie sie in Frankreich und Deutschland im Gebrauch sind. The Indian Forester 12, 244–250 (1886).

Dose, N.: Die römische Wasserleitung von der Eifel nach Köln. Rheinbach 1995.

France, C.: Wölfe im Westen Deutschlands. Wild und Hund 21, 511 (1968).

Happ, N.: Der Kottenforst. In: Rheinischer Verein für Denkmalpflege und Landschaftsschutz/Amt für rheinische Landeskunde (Hrsg.), Der Wald. Köln 1997.

Happ, N.: Im Wandel der Zeit. 250 Jahre Forsthaus Schönwaldhaus. Allgem. Forstzeitschrift 48, 1329–1331 (1979).

Hexges, A.: Der Kottenforst. Ein Beitrag zur Forstgeschichte Kurkölns unter besonderer Berücksichtigung der Entwicklung des Waldeigentums, des Forstrechts, der Forstorganisation und der Waldnutzung. Bonner Geschichtsblätter 35, 105–115 (1984).

Hocker, R.: Zur Jagdgeschichte der Kurfürsten von Köln. Bonner Geschichtsblätter 23, 23–50 (1969).

Hocker, R.: Beginn, Höhepunkt und Ende der kurfürstlichen Jagd im Rheinland und in Westfalen. Z. Jagdwissenschaft 43, 105–115 (1997).

Mirbach, W. von: Zur Geschichte des Kottenforstes bei Bonn. Annalen des Historischen Vereins für den Niederrhein 33, 106–117 (1897).

Seehaus, P.: Der Kottenforst. Bonn 1925.

Wessling, W.: Das Jagdprivileg Kaiser Ottos II. für die Kölner Domkirche aus dem Jahre 993. Z. Jagdwissenschaft 19, 98–109 (1973).

Zerlett, N.: Grenzsteine aus dem Kottenforst. Rhein. Heimatpfl. 10, 17–28 (1973).

Kurfürstliche Jagdkultur

Braubach, M.: Kurkölnische Miniaturen. Münster 1954.

Dietz, J.: Der Kottenforst und Röttgen. Rhein. Heimatpflege 3, 209–214 (1973).

Ergert, B.: Die Jagd in Bayern. Von der Urzeit bis in die Gegenwart. Rosenheim 1984.

Hexges, A.: Der Kottenforst. Ein Beitrag zur Forstgeschichte Kurkölns unter besonderer Berücksichtigung der Entwicklung des Waldeigentums, des Forstrechts, der Forstorganisation und der Waldnutzung. Bonner Geschichtsblätter 35, 105–115 (1984).

Hocker, R.: Beginn, Höhepunkt und Ende der kurfürstlichen Jagd im Rheinland und Westfalen. Z. Jagdwissenschaft 43, 105–115 (1997).

Hocker, R.: Zur Jagdgeschichte der Kurfürsten von Köln. Bonner Geschichtsblätter 23, 23–56 (1969).

Landkreis Emsland (Hrsg.): Clemens August. Fürstbischof, Jagdherr, Mäzen. Katalog zur kulturhistorischen Ausstellung aus Anlaß des 250jährigen Jubiläums von Schloß Clemenswerth. Meppen/Sögel 1987.

Renard, E.: Aus dem kurkölnischen Jagdrevier. Mitt. Rhein. Ver. Denkmalpflege u. Heimatschutz 12, 113–132 (1918).

Seehaus, P.: Der Kottenforst. Bonn 1925.

Ueckermann, E.: Jagd und Jagdgeschichte. 2. Aufl., Köln 1984.

Wolf, I., Engelhardt, M.: Kleine Kulturgeschichte der Rheinlande. Bonn 1998.

Kulturlandschaft Wald

Bossmann, M. u. a.: Der suburbane Raum in Südwesten von Bonn. In: Stiehl, E. [Hrsg.]: Die Stadt Bonn und ihr Umland. Ein geographischer Exkursionsführer. Arb. z. rhein. Landeskunde 66, 151–164 (1997).

Dietz, J.: Altes und Neues vom Eisernen Mann. Vom Rhein zur Ahr, Nr. 5. Köln 1952.

Dollen, B. von der: Die Stadtregion Bonn – Entwicklung der Primärbebauung. Geschichtlicher Atlas der Rheinlande, IV.3.2. Köln 1989.

Dollen, B. von der, Graafen, R.: Die Entwicklung der Bebauung im Bonner Raum 1810–1980. Bonn – Stadt und Umland. Arb. z. rhein. Landeskunde 58, 247–267 (1988).

Hauptmann, H.: Der Kottenforst. Kulturgeographische Entwicklung einer Landschaft. Staatsarbeit. Bonn 1963.

Hexges, A.: Der Kottenforst: Ein Beitrag zur Forstgeschichte Kurkölns unter besonderer Berücksichtigung des Entwicklung des Waldeigentums, des Forstrechts, der Forstorganisation und der Waldnutzung. In: Bonner Geschichtsblätter 35, 105–115 (1984).

Hocker, R.: Ein Beitrag zur Jagdgeschichte des Kurfürstentums Köln im 18. Jahrhundert. Diplomarbeit. Göttingen 1949.

Hocker, R.: Der Kottenforst. In: Mitteilungen der Landesstelle für Naturschutz und Landschaftspflege in Nordrhein-Westfalen 5, H. 6/7. Düsseldorf 1967.

Kisker, U. u. a.: Vorläufiger Maßnahmenplan Zweckverbandsgebiet Naturpark Kottenforst-Ville. Beiträge zur Landesentwicklung H. 42. Köln 1985.

Kreuer, W.: Der Kottenforst im Naturpark Kottenforst-Ville. Schriftenreihe der Landesstelle für Naturschutz und Landschaftspflege in Nordrhein-Westfalen H. 8. Recklinghausen 1974.

Mirbach, W. von: Zur Geschichte des Kottenforstes bei Bonn. Annalen des Historischen Vereins für den Niederrhein 33, 1897.

Seehaus, P.: Der Kottenforst, Bonn 1925.

Wald- und Braunkohlenville

Kremer, B. P.: Lebensraum aus Menschenhand. Schützenswerte Biotope der rheinischen Kulturlandschaft. Köln 1997.

Kremer, B. P., Caspers, N.: Der Naturpark Kottenforst-Ville. Rheinische Landschaften 10, Neuss 1977.

Rheinischer Verein für Denkmalpflege und Landschaftsschutz (Hrsg.): Naturschutz im Rheinland. Köln 1993.

Roth, H. J. (Hrsg.): Kölner Naturführer. 2. Aufl., Köln 1991.

Zweckverband Naturpark-Kottenforst-Ville (Hrsg.): Landschaften im Naturpark. Hürth 1991.

Spuren der Jahrtausende

Bosinski, G., Richter, J.: Paläolithikum und Mesolithikum. Geschichtlicher Atlas der Rheinlande, Beiheft II/1. Köln 1997.

Floss, H.: Rohmaterialversorgung im Paläolithikum des Mittelrheingebietes. Monographien Römisch-Germanisches Zentralmuseum 21, 41 – 45 (1994).

Gechter, M.: Das Michelsberger Erdwerk auf dem Bonner Venusberg. Archäologie im Rheinland 1987. Bonn 1988.

Grewe, K.: Der Eiserne Mann im Kottenforst. Köln 1978.

Grewe, K.: Atlas der römischen Wasserleitungen nach Köln. Rheinische Ausgrabungen 26, 147 – 150 (1986).

Grewe, K.: Der Römerkanal-Wanderweg. Düren 1988.

Horn, H. G. (Hrsg.): Die Römer in Nordrhein-Westfalen. Stuttgart 1987.

Joachim, H.-E.: Die vorgeschichtlichen Fundstellen und Funde im Stadtgebiet von Bonn. Bonner Jahrbücher 188, 1 – 96 (1988).

Koschik, H. (Hrsg.): Archäologische Denkmäler in den Wäldern des Rheinlandes. Materialien zur Bodendenkmalpflege im Rheinland 5. Köln 1995.

Piepers, W.: Zwei Glockenbecher aus Bornheim, Rhein-Sieg-Kreis. Bonner Jahrbücher 175, 187 – 190 (1975).

Richter, J.: Neolithikum. Geschichtlicher Atlas der Rheinlande, Beiheft II/2.1 – 2.2. Köln 1997.

Janssen, W.: Studien zur Wüstungsfrage im fränkischen Altsiedelland zwischen Rhein, Mosel und Eifelnordrand. Beihefte Bonner Jahrbücher 35, 132 (1975).

Soechting, D.: Römische Lager am Hardtberg bei Bonn. Rheinische Ausgrabungen 10, 84 – 95 (1971).

Wagner, P.: Gefahren für archäologische Bodenfunde durch Land- und Forstwirtschaft. In: Spurensicherung. Kunst und Altertum am Rhein 136, 230 – 254 (1992).

Wald mit Würden

Hansmann, W., Knopp, G.: Kurfürst Clemens August. Seine Persönlichkeit und sein Wirken als Bauherr in Köln. In: Katalog Kurköln, Land unter dem Krummstab. Köln 1985.

Hausmanns, B.: Das Jagdschloß Herzogsfreude in Bonn-Röttgen (1753 – 1761). Bonn 1989.

Hocker, R.: Zur Jagdgeschichte der Kurfürsten von Köln. Bonner Geschichtsblätter 23, 23 – 56 (1969).

Landkreis Emsland (Hrsg.): Clemens August. Fürstbischof, Jagdherr, Mäzen. Katalog zur kulturhistorischen Ausstellung aus Anlaß des 250jährigen Jubiläums von Schloß Clemenswerth. Meppen/Sögel 1987.

Winterling, A.: Der Hof der Kurfürsten von Köln 1688 – 1794. Eine Fallstudie zur Bedeutung »absolutistischer« Hofhaltung. Bonn 1986.

Denkmäler im und am Kottenforst

Doeppgen, H., Günter, R.: Burgen, Kirchen und Schlösser im Raume Bonn. Rheinische Kunststätten 21, Neuss 1978.

Hacker-de Graaff, R.: Wegekreuze im Bonner Raum. Bonn 1991.

Haentjes, W.: Gemeinde Wachtberg im Drachenfelser Ländchen. Rheinische Kunststätten 216, Neuss 1978.

Haentjes, W.: Geschichte der Godesburg. Godesberger Heimatblätter 18, 1 – 280 (1980).

Herzog, H.: Burgen und Schlösser in der Kölner Bucht. In: Holtermann, D.: Die Wasserburgen-Route. Radeln in der Rheinischen Bucht. Köln 1998.

Herzog, H.: Burgen und Schlösser. Geschichte und Typologie der Adelssitze im Kreis Euskirchen. Köln 1989.

Kreuer, W.: Der Kottenforst im Naturpark Kottenforst-Ville. Recklinghausen 1974.

Müller-Hengstenberg, H.: Kreuze in der Parforcejagd des Kölner Kurfürsten Clemens August im Kottenforst. Rhein. Heimatpflege 29, 251 – 254 (1992)

Strang, E.: Das Kloster Marienforst bei Bad Godesberg. Bonn 1995.

Wessel, W.: Das »Kurfürstenkreuz« in Bonn-Ippendorf. Rhein. Heimatpflege 35, 203 – 205 (1998).

Zuppke, E.: Wegekreuze im Kottenforst. Godesberger Heimatblätter 9, 121 – 128 (1991).

Geschichte in Geschichten

Dietz, J.: Aus der Sagenwelt des Bonner Landes. Bonn 1965.

Müller, F.: Leben rund um den Wachtberg. Siegburg 1993.

Müller-Hengstenberg, H.: Ein Waldstreit zwischen dem Bonner Stift Dietkirchen und dem Kölner Kurfürsten Maximilian Heinrich 1660. Bonner Geschichtsblätter 40, 19 – 23 (1990).

Müller-Hengstenberg, H.: Zu den Waldflurnamen im Kottenforst. Bonner Geschichtsblätter 43/44, 61 – 65 (1993/94).

Wiedemann, A.: Geschichte Bad Godesbergs und seiner Umgebung. Reprint Frankfurt 1979.

Naturnaher Waldbau

Hartmann, G., Nienhaus, F., Butin, H.: Farbatlas Waldschäden. Stuttgart 1995.

Hesmer, H.: Wald- und Forstwirtschaft in Nordrhein-Westfalen. Hannover 1958.

Heyder, J.: Waldbau im Wandel. Frankfurt/M. 1986.

Hofmeister, H.: Lebensraum Wald. Berlin/Hamburg 1997.

Ministerium für Umwelt, Raumordnung und Landwirtschaft (NRW): Naturnahe Waldwirtschaft in Nordrhein-Westfalen. Düsseldorf 1997.

Ministerium für Umwelt, Raumordnung und Landwirtschaft (NRW): Wald 2000. Gesamtkonzept für eine ökologische Waldbewirtschaftung des Staatswaldes in Nordrhein-Westfalen. Düsseldorf 1990.

Otto, H. J.: Waldökologie. Stuttgart 1994.

Schölmerich, U.: Die Kölner Bucht. Forst und Holz 47/2 (1992).

ÜBER DIE AUTOREN

Drs. Peter Burggraaff, Studium der Geographie und Geschichte in Amsterdam, Autor zahlreicher Beiträge zur Kulturlandschaftsentwicklung und -pflege, Lehrbeauftragter am Seminar für Historische Geographie der Universität Bonn, Mitinhaber des Büros für historische Stadt- und Landschaftsforschung in Bonn, Redakteur der Zeitschriften »Siedlungsforschung/Archäologie, Geschichte, Geographie« sowie »Koblenzer Geographisches Kolloquium«.

Forstamtsrat **Norbert Happ**, seit 1966 Leiter des Forstbetriebbezirks Schönwaldhaus im heutigen Forstamt Bonn-Kottenforst/Ville, zahlreiche Zeitschriftenveröffentlichungen und Buchbeiträge sowie umfangreiche Vortragstätigkeit zu den Themen Wald und Waldgeschichte, Wild und Jagd. Träger hoher Auszeichnungen für seine Bemühungen um den Kottenforst.

Dr. Barbara Hausmanns, Studium der Kunstgeschichte in Bonn mit Zusatzschwerpunkten in Geschichte und Germanistik; freie Rundfunk- und Fernsehjournalistin bei Kölner Sendern sowie im Printbereich, insbesondere in der publizistischen Beschäftigung mit Themen zur Kultur und zum Kulturtourismus. Aktives Mitglied eines Heimat- und Geschichtsvereins.

Ulf Hausmanns, Redakteur bei der Kölnischen/Bonner Rundschau in der Bonner Redaktion, später in der Pressestelle des Deutschen Beamtenbundes; wechselnde Stationen in der Leitung eines Bonner Verlages sowie als Chefredakteur in Münchener Werbe- und PR-Agenturen. Seit Anfang der 90er Jahre freiberuflicher Kommunikations- und PR-Berater zu wirtschaftlichen und touristischen Fragen; zahlreiche kulturtouristische Publikationen. Aktives Mitglied eines Heimat- und Geschichtsvereins.

Prof. Dr. Hans-Eckart Joachim, Studium der Vor- und Frühgeschichte, Völkerkunde und Geschichtlichen Landeskunde in Bonn, Wien und Freiburg/B., zahlreiche Buch- und Zeitschriftenveröffentlichungen, leitet als Abteilungsdirektor die Urgeschichtliche Sammlung des Rheinischen Landesmuseums Bonn und lehrt an der Universität Bonn. Seit Mitte der 70er Jahre befaßt er sich auch intensiv mit der Avifauna des Rheinlandes.

Dr. Klaus-Dieter Kleefeld, Studium der Historischen Geographie sowie Vor- und Frühgeschichte in Bonn, Autor zahlreicher Beiträge zur Inventarisation und Pflege historischer Kulturlandschaften, Vorsitzender der Arbeitsgruppe »Angewandte Historische Geographie«, Mitinhaber des Büros für historische Stadt- und Landschaftsforschung in Bonn, Herausgeber von »Kulturlandschaft. Zeitschrift für Angewandte Historische Geographie«.

Dr. Bruno P. Kremer, Studium der Biologie und Chemie in Bonn, Autor zahlreicher Fachveröffentlichungen, von Darstellungen zur regionalen Naturkunde, von Natursachbüchern (übersetzt in 14 Sprachen) und Sendereihen, langjährige Tätigkeit im ehrenamtlichen Naturschutz, seit 1980 in der Lehrerausbildung an der Universität zu Köln tätig.

Dr. Norbert Kühn, Studium der Mittelalterlichen Geschichte und der Germanistik in Bonn, Autor und Herausgeber zahlreicher Buch- und Zeitschriftenveröffentlichungen zu historischen Themen und zum Kulturlandschaftsschutz, seit 1985 Geschäftsführer des Rheinischen Vereins für Denkmalpflege und Landschaftsschutz.

Forstdirektor **Uwe Schölmerich**, Studium der Forstwissenschaft in Freiburg/B., seit 1982 wechselnde Tätigkeit im Forstamt Ville/Brühl, bei der Landesanstalt für Ökologie, Landschaftsentwicklung und Forstplanung/Recklinghausen sowie bei der Höheren Forstbehörde Bonn, seit 1987 Leiter des Forstamtes Ville, seit 1995 Leiter des neu geschaffenen Forstamtes Bonn-Kottenforst/Ville, Lehrbeauftragter für Forstwirtschaft an der Landwirtschaftlichen Fakultät der Universität Bonn.

Wir haben Erfahrung

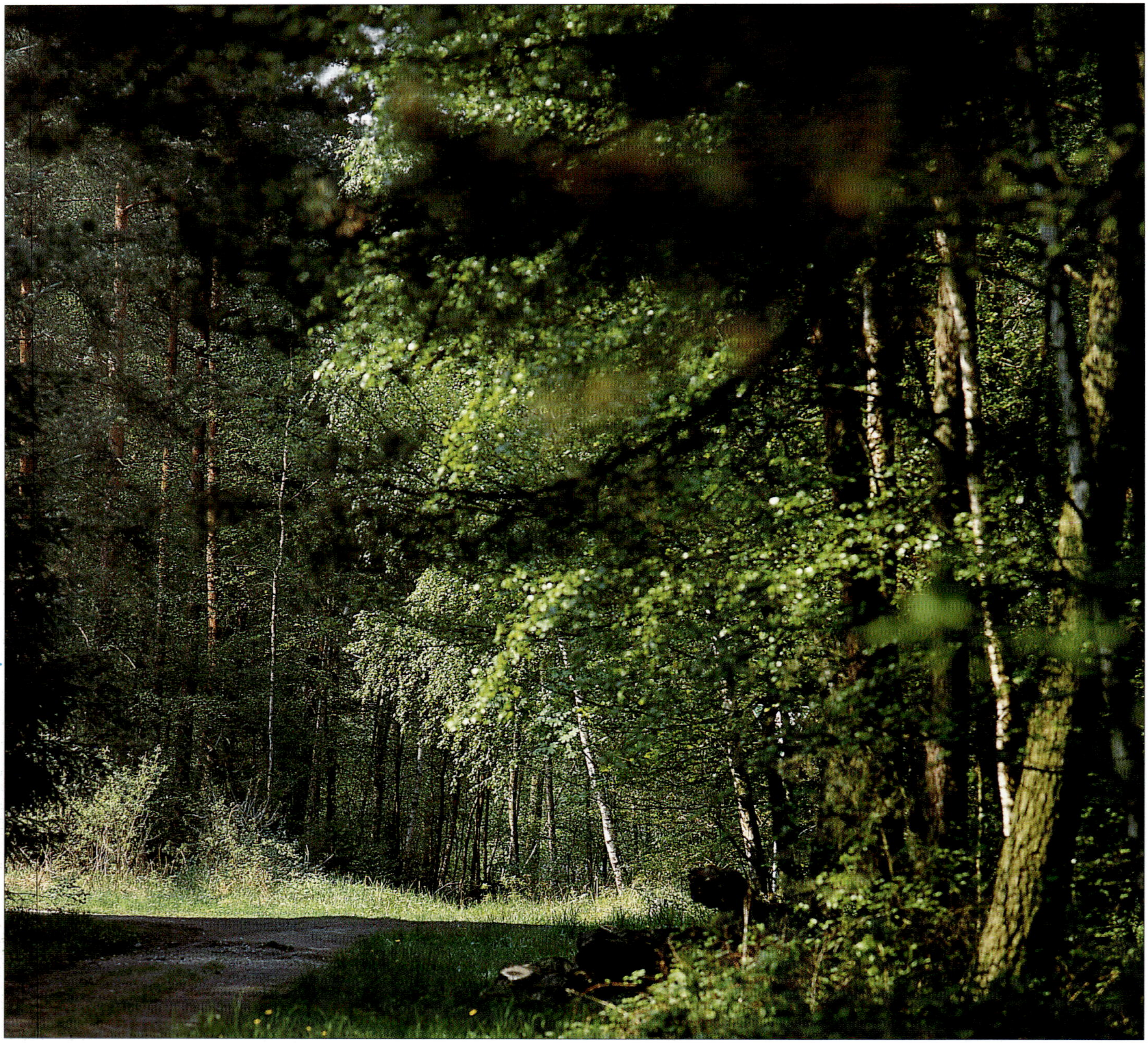

... aus über 70 Jahren erfolgreicher forstlicher Rekultivierung.

RHEINBRAUN

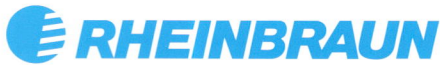

SEIT MEHR ALS 100 JAHREN IN GUTER NACHBARSCHAFT ZUM KOTTENFORST

Füll- und Mess-Apparat
(D. R. G.-M.)

Unentbehrlich beim Verkauf von Koks, Getreide und dergleichen. Für Gasfabriken (zum Detailverkauf von Koks) ganz besonders zu empfehlen.

Kein lästiges und zeitraubendes Halten der Säcke mehr!

✳

Vorbeischütten der Ware, wie bisher, gänzlich ausgeschlossen!

✳

Arbeitet leicht und bequem

✳

Zur Bedienung nur ein Arbeiter nötig!

✳

Ganz aus Eisen hergestellt daher unverwüstlich.

Der ganze Apparat ist fahrbar eingerichtet. ═══════════════════
═══════════════════ Das geaichte Hohlmass fasst ½ Hektoliter.

Preis des kompletten Apparates (laut Abbildung) Mark 90.—

Seit mehr als 100 Jahren wird in der Maschinenfabrik und Eisengießerei Stolle in Bad Godesberg gearbeitet. Die Produkte des Unternehmens haben das Leben in der Region mitbestimmt. Wer etwa auf die Produktpalette der ersten Jahrzehnte schaut, findet Beispiele der industriellen Entwicklung in den Handwerksbetrieben und Fabriken jener Jahre. Die Schienenbohrmaschine – „kann seitwärts abgeklappt werden, wenn der Zug das Gleis passiert" – gehörte zum Siegeszug der Eisenbahn, die gußeisernen Schleifsteintröge – „mit rotem prima Eifler-Sandstein" – waren „unentbehrlich für Maschinenfabriken, Schreiner- und Möbel-Werkstätten, Landwirtschaft, Schlachthöfe und sonstige Betriebe". Auch der bärtige Herr mit dem Füll- und Mess-Apparat vermag leicht die Arbeitswelt unserer Großväter heraufzubeschwören. Die langjährige Erfolgsgeschichte der Wilhelm Stolle KG ist aber auch die Geschichte der guten Nachbarschaft zum Kottenforst. Moderne Technologien ermöglichen bis heute das problemlose Miteinander von Mensch, Natur und Betrieb.

STOLLE
MASCHINENFABRIK UND EISENGIESSEREI